基于跨文化能力培养的大学英语教学改革研究

张春来　杨　微　张丽红　著

九州出版社
JIUZHOUPRESS

图书在版编目（CIP）数据

基于跨文化能力培养的大学英语教学改革研究 / 张春来，杨微，张丽红著. --北京 ：九州出版社，2023.11

ISBN 978-7-5225-2382-8

Ⅰ. ①基… Ⅱ. ①张… ②杨… ③张… Ⅲ. ①英语—教学改革—研究—高等学校 Ⅳ. ①H319.1

中国国家版本馆 CIP 数据核字（2023）第 202499 号

基于跨文化能力培养的大学英语教学改革研究

作　　者	张春来　杨　微　张丽红　著
责任编辑	王海燕
出版发行	九州出版社
地　　址	北京市西城区阜外大街甲 35 号(100037)
发行电话	(010)68992190/3/5/6
网　　址	www.jiuzhoupress.com
印　　刷	北京七彩京通数码快印有限公司
开　　本	787 毫米×1092 毫米　16 开
印　　张	10
字　　数	250 千字
版　　次	2023 年 11 月第 1 版
印　　次	2024 年 4 月 第 1 次印刷
书　　号	ISBN 978-7-5225-2382-8
定　　价	60.00 元

前言

随着全球经济的蓬勃发展，我国高校需紧跟时代步伐，合理运用稀缺文化教育资源，致力于培养学生成为优秀的文化交际人才，以满足社会需求，提高对外开放水平。在英语课堂教学中，需要制定详细的教学计划，有计划地培养学生的跨文化交际能力。这包括吸纳其他文化的优秀传统和可用文化资料，使学生在迅速掌握英语知识的同时，也能理解并尊重其他国家的文化传统。通过分析跨文化交际能力的思想内涵和基本形态，可以识别当前跨文化教学活动的不足之处，制定有效的措施，加强学生的跨文化交际技能。

在全球范围内，由于文化、经济和政治背景的差异，各国、各种族以及同一个国家内不同的时代和地区都存在着独特的语言和文化。文化差异和语言障碍成为不同种族进行交流时最显著的挑战之一。因此，现代大学生需要不仅掌握英语知识和技能，还要具备跨文化交流的能力。在进行跨文化交流时，应本着“求同存异”的原则，即既要传承自己国家的文化，又要尊重并接纳其他民族的文化，以促进各国文化的共同繁荣和发展。

本书首先对文化与交际、跨文化交际基本分析、跨文化交际能力分析、跨文化交际学以及跨文化交际理论做了简要介绍；其次阐述了跨文化交际的影响因素，其中包括环境因素、语言文化因素以及心理因素。然后对高校英语教学的理论、跨文化交际与英语教学的融合、跨文化背景下的英语教学改革、跨文化交际下的英语课程体系建设以及大学英语教学中跨文化交际能力的培养进行了深入的研究，最后从多维度阐述了跨文化大学英语教学建议，充分反映了21世纪我国基于跨文化能力培养的大学英语教学改革研究方面的前沿问题，力求让读者充分认识基于跨文化能力培养的大学英语教学改革研究的重要性和必要性。本书兼具理论与实际应用价值，可供广大高校英语教学相关工作者参考和借鉴。

目录

第一章　文化与跨文化交际

第一节　文化与交际

一、文化的定义与特征

（一）文化概念的意义与价值

（1）在日常生活中，“文化”成为人们经常听到的词汇之一。然而，实际上，“文化”这一概念的运用逐渐失去了原本的意义，最为明显的表现是将文明与文化混为一谈，将学历层次等同于文化水平，将各种知识和技巧等视为文化程度的标志。这种社会现象需要引起学术界的高度关注。

“文化”一词在学术上具有特定的含义，同时也有传播和推广的价值。由于文化与人类历史、不同社会形态以及日常生活息息相关，因此，应该面向更广泛的人群。具体来说，每个人都是文化精神和物质产品的创造者（这两者都是中性词），所有人都深深植根于文化演进的历史中，都是“局内人”。通过让更多的了解“文化”的人，他们对“我是谁”“我要干什么”“我要怎样做”等问题会有不同的认识，从而从“盲从”的生存状态转变为“思考者”甚至“批判者”；理解自己的文化根基，将在人生道路上成为一个“明白人”。

“文化”这一理念对于建设和谐社会起到引导作用。尽管“文化”是一个中性的字眼，但通过适当的解释，可以激发积极的力量。它在一定程度上能够增强人们的文化意识，提高公民素质，形成主体责任感。通过认识到自身是文化创造者和消费者，人们可以更有选择性地接纳正面的文化，从而塑造正确的世界观、人生观和价值观。因此，让更多人更容易理解“文化”这个概念，对于建立和谐社会是非常有益的，这体现了费孝通所提出的一种文化自觉，即“生活在一定文化中的人对其文化要有自知之明。”

（2）在关于“文化研究的谱系”的论述中，约翰·哈特利指出，文化研究专注于边缘和边界，涵盖了话语性和社会性。他强调文化研究不能接受任何形式的标准化，包括文化的定义、研究领域、适用于任务的方法以及文化研究自身的历史。这一观点建立在对文化研究的广泛基础上，即一旦研究之门打开，就不能轻易关闭。

哈特利通过举例说明，每一种创作都意味着“文化”的孩子的诞生。当这些“子”以各种形式在特定社会情境中出现时，它们自然会引起上层建筑的关注，并在“文化”领域和更广范围内合理存在，甚至可能直接存在于上层建筑。

文化的繁衍与研究的范围成正比，内涵也会随着新的创造而演变。由于“意识不能先于创造”，文化是一种难以预测、难以控制的东西。因此，文化和文化概念的界定只能在社会演进中呈现，而不是统一的。

(3) 斯图亚特·霍尔强调了“意义”在文化界定中的核心作用，指出文化是群体或群体之间共同意义的体现，而不仅仅是创造者单方面传递意志。这包括接收者在个体解码能力、价值观、兴趣爱好等因素的影响下进行的二次创造。

霍尔的理论为我们提供了一个重要的启示：在解读文化文本时，外行人不能盲目地固守原意，因为受众的领悟状态在很大程度上决定了“文化”文本意义的实现。尽管霍尔没有明确定义“文化”，但他提出了“文化”定义的基本原则，即关注“意义”在不同情境下的相似性和差异性，看文化是否能够在施者和接受者之间实现共同理解。

基于对“共享”的渴望，重新定义“文化”概念是本研究的基本动机。这强调了对“文化”定义的动态性，需要考虑不同情境下的共同理解，使其更通俗、更贴近实际。

（二）对“文化”概念再界定

1. 基于生活的文化定义

根据笔者的观点，文化被定义为人们在生活中的态度、生活方式、生活内容、生活过程、生活环境、社会制度等因素共同作用下的产物总和。这个定义并非以规范为基础，也不意在通过“界”来确定文化研究的范围，而是根据研究对象所处的社会实际和相关文化情境，以及对传统文化概念的解读而得出的结论。这个定义的主要特点是“立足于生活”和“通俗化”，可以称之为“生活文化定义”。这种定义强调文化是人们生活各个方面的综合体现，突显了文化与日常生活的紧密联系。通过关注人们的态度、生活方式等，这个定义使文化更贴近普通人的日常经验，使文化概念更加通俗和易于理解。

2. “生活文化定义”溯源

“生活文化定义”吸收了现有文化概念的各种营养，尤其是对经典概念的定义，为“生活文化定义”提供了原则、方法、表达方式和基础架构的基础。

(1) 人类学的宽泛文化定义。

爱德华·泰勒提出的文化定义是人类学中的一种宽泛而全面的理解。在他的著作《原始文化》中，他首次明确表达了“文化”这一概念。他认为，“文化或者文明，是由知识、信仰、艺术、法律、道德、风俗以及作为一个社会成员所获得的能力与习惯组成。”换言之，一个人作为一个社会的一员，所学得的一切才能和习惯都是他为了适应环境、改进生活方式而做出的各种努力。

泰勒的文化定义将“文化”与“文明”等同起来，但为我们提供了一个全面理解“文化”的基础框架。这个定义的宽泛性和承载量较大，成为“生活文化定义”借鉴的首要来源。泰勒的观点强调了文化的多方面性，包括知识、信仰、法律、道德等各个层面，突显了文化作为社会成员的努力和适应环境的重要性。

（2）接近社会生活的文化定义。

在过去半个多世纪，学者们普遍认为泰勒对文化的广义定义在理论上难以应用，因此，人们开始从更贴近现实生活的角度重新审视文化概念。美国社会学家保罗·布莱斯提德强调，“文化”一词在社会学上有着多方面的含义，指代一个民族社会的遗产，包括工艺、商品、技术、观念、习俗和价值。文化涵盖了所有后天获得的行为、智慧与知识、社会组织与语言、经济、道德与精神的价值观。对于特定文化，其法律、经济结构、巫术、宗教、艺术、教育等都是最根本的因素。

布莱斯蒂德的文化定义虽然更为宽泛、完整，但其“具体指向”和“要之一切”的表达重叠，缺乏通俗读物的先决条件，难以进行理论上的深入分析与实践。然而，这一定义为“生活文化定义”提供了更接近社会生活的重要启示。

（3）历史学派的“文化特质”说。

“历史学派”的奠基人弗朗茨·博厄斯提出了“文化特质”说，将文化划分为最小单位，即“文化特质”，并主张将其视为文化研究的基本单位。费孝通进一步阐释了这一概念，指出文化特质可以是各种习俗，如“迎亲”；也可以是工具类的物品，如类似于“犁耙”的工具；还可以是称呼，如“舅舅”；或是机构，如“庙会”；甚至是行为，如“叩头”。这种观点强调了文化特质的多样性，涵盖了文化中各种具体的元素和现象。

“文化特质”的含义为“生活文化定义”提供了重要启示，指出在文化的演变过程中，一切都被赋予了生命，并产生了具体的后果。文化不仅是一个过程，也是一个结果。这强调了文化的动态性和生命力，使我们更深入地理解文化是如何通过各种特质在社会中传承和演变的。

（4）文化功能论的“社会制度”。

马林诺斯基对以“文化特质”为指向的文化定义提出了批判，认为习俗、器物、称呼、信仰、组织、行为等都是有目的性的行为系统中的部分，不能单独起作用。他提出文化的单位应是社会制度，采取了功能主义的观点，将各种文化特征用一条线连接起来，形成了“社会制度”。

在“社会制度说”中，文化的真实成分具有恒定性、普遍性和自主性，形成一定程度上具有组织性的系统。每个社会结构都以基本需求为目的，在共同事业和永恒集体中有特殊的规则和技巧。社会制度建立在物质基础上，包含各种文化设施。

相较于“文化特质”的归纳方式，“社会制度说”以生活中的具体客体为对象进行整体性分析。其优点在于定义周延，每一个“一”都是同一维度的，而它们之间的联系构成了“统筹并顾”。尽管“文化功能论”中的“社会制度”概念较为抽象，不易被广泛解读，但其将各个“一”相结合的方法对于“生活文化定义”来说是非常有价值的。

（5）“整体生活方式”的文化定义。

“整体生活方式”的文化定义将文化划分为三个层次，即“高级文化”“大众文化”和“深层文化”，这一理论得到了广泛认可。高级文化包括哲学、文学、艺术、宗教等；大众文化通常指习俗、仪式、生活方式，包括衣食住行和人际关系；深层文化主要涉及对价值观的定义，以及与个人角色相关的观念，如时间取向、生活节奏、解决问题的方式等。这种“文化层级”理论为理解文化提供了新的途径。雷蒙德·威廉斯对这种理论提出了质疑，他反对将文化与其他社会实践分离，也反对将“高级文化”与总体生活模式分离。威廉斯主张文化不应与以高雅艺术为代表的高等文化等同，而应看作是一种“整体的生活方式”，并提出了“文化是普通的”这一经典命题。

威廉斯的关于“文化是整体生活方式”和“文化是普通”的定义为构建“生活文化定义”提供了有益的参考依据。这一观点强调文化的普遍性和贯穿性，使我们更全面地理解文化在人们生活中的根本地位。

（6）国学经典及近现代文化定义的生活化意蕴。

在中国，最早对“文化”一词的使用可以追溯到《周易》中的“人文化成”一语。这一经典提到了“文明以止，人文也”，强调了自然中的刚柔交错和人类在社会中的相互影响。另外，《周易》中还强调了治国的原则，即要顺应天道自然，也要掌握真实的人伦关系，使人的行为符合文明的礼节。

在中国历史上，“文”和“化”两个字最早在西汉时期开始正式成为一个词语。刘向在《说苑·指武》中提到“文德”和“武力”，强调治理国家首先要注重文德，即礼教，而后再用武力。这表明古代汉语中，“文化”指的是以伦理学方式来教育人们，使其思想、言谈举止符合文明礼节。

中国近代文化学者在“文化”概念上的论述也很丰富。梁启超和梁漱溟强调文化是人类共同的价值共业，是生活的依靠。庞朴提出了从“物质”“制度”和“心理”三个层次理解“文化”的观点。毛泽东则将文化看作社会政治经济观念的反映。

这些经典典籍和近代文化定义强调了文化在人类生活中的根本作用。它们提供了对文化的多层次理解，包括伦理学、制度、心理等层面，为“生活文化定义”提供了有益的参考依据。

3. “生活文化定义”的学科类型定位

“生活文化定义”在学科类型上可被定位为哲学中的“文化哲学”。这并非简单地将文化与哲学外在地组合，而是一门从哲学视角探讨文化本质、特点及其发展规律的学科。文化哲学涉及对文化的本质与现象进行深入思考，同时探讨人类作为文化存在的本质。

从文化哲学的角度看，人之所以为人，正是因为人是一种文化的存在。这意味着人类能够通过身体或精神劳动进行文化创作，并通过文化创作实现自我表达。在这一框架下，对生活文化进行定义的方式以及其思辨性质都与文化哲学的研究目标相契合。因此，“生活文化定义”在探讨文化的实质、人类文化创作以及文化的意义等方面，借鉴哲学的方法和观点，使其成为文化哲学领域的一部分。这样的学科定位有助于深入理解文化的本质，同时在哲学的框架内对生活文化进行思考和界定。

（三）文化哲学视域中的“生活文化定义”

1.“生活文化定义”的整体性能

“生活文化定义”显然是一个涵盖性非常广泛的概念，具有多层次、多元化的特征。这一定义的整体性体现在以下几个方面：多层次性定义涵盖了生活的多个层次，包括生活态度、生活方式、生活内容、生活过程等。这种多层次性使得这个定义既能适应广泛的理论探讨，也能为实际生活中的不同方面提供指导。多元性定义中涉及到的诸多因素，如环境、社会制度等，都展现了文化的多元性。生活文化被视为一种综合性的文化现象，受到不同文化元素和影响的共同构建，反映了文化的多元和多样性。广义和狭义的区分定义中明确了广义和狭义的两种解读。这种区分有助于更全面地理解生活文化，不仅包括普遍性的文化元素，还考虑到了更为具体和局部的文化体验。通过涵盖生活中的方方面面，从微观的个体经验到宏观的环境和社会制度，这一定义展现了微观和宏观之间的关联。这种关联使得对生活文化的研究能够从多个维度出发，更好地理解文化的全貌。生活文化定义不仅可以适应不同的族群、地域，还可以从个人和散居者的视角进行理解。这种广泛的适用性使得定义具备了在不同文化背景和社会环境下都能有效应用的特点。整体上看，这个定义的广泛性和复杂性使得它在不同领域和学科中都能够发挥作用，既可以为通俗的文化探讨提供基础，也能够成为学术研究的有力框架。

2.关键词的文化意蕴

（1）生活态度与文化的因果关系。

在“生活文化定义”中，生活态度与文化之间存在着因果关系。生活态度包括认知、情绪和行为三个要素。这些要素不仅受到个体内在的因素影响，也受到外部环境和社会制度的塑造。环境和制度对人的态度形成具有导向作用，引导个体在思考问题、表达情感和行为方面展现特定的文化特征。个体的情感发展、价值观念、审美经验等都是文化的产物。不同的文化背景会塑造人们的态度，决定着他们对生活的态度是积极向上还是消极消极。文化通过传统、信仰、教育等途径，深刻地影响着个体的生活态度。

个体的生活态度是文明化程度的具体体现。文明化不是绝对的好坏之分，而是一种折衷的方式，它涵盖了对事物的意义、社会问题的看法等多个层次。文明化程度通过个体的生活态度表现出来，反映了个体对于文化的理解和体验。人生态度对个体和群体的文化发展起着导向作用。个体的创造、坚强、勤奋、乐观等态度特征会对文化的创新、发展和传承产生积极的影响。反之，消极的生活态度可能导致文化的停滞或堕落。文化学家奥斯古德提出的“语义分析”方法，通过衡量一个人对事物的意义和对社会问题的看法，构建了一个文化性与文明性的标尺。这种方法体现了人的生活态度与文化发展之间的相互关系。

综合而言，生活态度与文化相互交织，是文化内外在层面的交流和表达。文化不仅塑造生活态度，同时生活态度也在一定程度上决定文化的走向。

（2）生活方式与文化的基本模式。

“生活方式”作为一个涉及广泛的概念，与文化之间存在着深刻的基本模式。以下是对生活方式与文化基本模式的一些关键观点：从广义上来说，生活方式是人们在日常生活中所采用的一种语言，包括社交方式、爱情方式、表达方式、饮食方式、礼仪方式等。这些方式在个体与群体之间形成一种沟通的模式，反映出文化在日常行为中的具体表达。马克思和恩格斯在历史唯物主义原则中提出了“生活方式”和“生产方式”的概念，认为在每一个时代，人们的生活方式都与当时的社会生产力和生产方式相匹配。这种相匹配关系影响着文化的形成和演化。

自 19 世纪中期起，“自由”成为学术观念，引入社会科学的研究。生活方式成为一个重要的学术概念，被运用于社会科学领域，用以解释人们在特定社会背景下的行为模式和文化表现。生活方式作为一个具有时代特征的概念，进入学界和人们的日常生活。学者和研究人员关注生活方式与新科技革命、社会变革等因素对人类生活的影响，以及如何构建和谐的生活模式。生活态度是生活方式的起因，人生态度决定了个体的生活方向。个体的情感发展、价值观念、思考方式等都在一定程度上受到文化的影响，从而构成个体的生活态度。文化模式是生活方式的具体体现，是在特定情境中，受到社会关系和生活状态影响下的生活形式。这种同质化的生活形式在特定的文化背景中会形成一种模式，构成文化的模式。

总的来说，生活方式与文化之间有着密切的关系，是文化在个体和群体中的具体表达。通过生活方式，人们展现了对文化的理解、对社会的反映以及对自身的认同。这种关系在时代演变、社会变革以及个体发展过程中都发挥着重要的作用。

（3）生活内容与文化的结构。

生活内容与文化的结构形成了一个有机的整体，通过对社会学理论和文化构成的理解，我们可以深入探讨它们之间的关系。在社会学的研究中，生活内容是一个核心的概念。社会学家关注生活内容的多个层面，包括政治、社交、家庭、物质、精神等多个方面。这些层面构成了个体或群体为生存和发展而追求的生活资料的基本明细。

社会学的研究对象涉及到生活的方方面面，从个体层面的日常互动到全球化的社会趋势和潮流。这种关注涵盖了家庭、组织、企业、城市、文化等多个层次，都是人们生活内容的具体载体和资源。

钱穆将文化的构成分为物质层次、社会性和精神层面。人的生活内涵反映了这三个方面的特点，通过对物质、社会、精神的体验，形成了丰富多彩的生活内容。生活的各个方面都在共同构成文化的整体结构。钱穆的观点中，物质层次面向“物”的世界，社会性面向人类的世界，精神层面则关注心灵层面。生活内容在这三个层次上都有所体现，呈现出对自然界的改造、人际关系的建构以及心灵层面的表达。费孝通强调文化的本质是“人为、为人”。生活内容是人类对自然界的改造、对社会关系的构建以及对心灵层面的追求的具体表现。文化的结构在于人类对生活内容进行的创造和塑造。

综合而言，生活内容与文化之间存在着深刻的关系，生活的各个方面构成了文化的丰富内涵。社会学和文化学的研究有助于深入理解这一关系，揭示文化在个体和群体中的具体表达和演变。

（4）生活过程与文化的习得。

生活过程被视为一种必须遵循的规律，是实现生活内容的必要环节。在这个过程中，人经历着各种经验，这些经验通过文化习得得以传递。文化习得是一种动态的社会生活和微观社会生活的展现，是不同文化材料对个体的影响和取代。

人类的生活过程被看作是一种经验累积的顺序安排。每个习得的形式，无论是简单还是复杂，都是动态社会生活和文化交流的体现。这种习得的循环过程逐渐构成了一个整体，为个人和民族的文化水平提供了积极的动力。马修·阿诺德提倡文化人应当拥有对学问的热情，并强调学问应该去掉粗陋、晦涩、抽象等因素，让其更具有人情味。这种主张支持了对生命文化的“通俗化”重新定义，使学问能够更广泛地发挥作用。文化被看作是全体人民的工作，包括作家、技师、艺术家等非专业人员的贡献。这种观点强调文化是一种属于整个社会主体的活动，每个人都能影响并受到其影响，突显了文化的参与性和全体性。生活和文化相辅相成。在文化的引导下，人们从生活的各个方面产生文化，而文化的活动也离不开人的生命。这种相互影响构成了一个不断循环的过程，其中文化和成功互为因果。

总体而言，这段讨论深入剖析了文化与生活的交互关系，强调了文化习得的重要性以及文化作为全体人民的工作。这种综合性的理解有助于更好地把握文化的本质和其在人类生活中的作用。

（二）文化的特征

文化作为一种客观存在的社会现象，有着鲜明的特性，主要体现在以下几个方面。

1. **文化的全人类性**

人类从动物世界中分离出来，逐步形成了人性、人道和人情，构建了人与自然、人与他人、人与社会、人与自我的复杂社会关系。这种共通性形成了文化的生成与发展的基础。文化的核心是以人为主体，以自然、社会和他人为客体的关系。人类通过认识和调节这些关系来理解世界。这一过程包括人类的认识、实践和文化创造，它们之间存在着有机的联系。文化的起点在于人类对自然和社会的改造，随后是对自己的改造。这反映了人类在社会发展中通过创造性的实践来影响自身和周围环境。尽管不同国家的文化具有独特的特点，但人类经历的道路大致相似，人们在相似的境遇中有相似的需求。这是因为每个人的大脑都是相同的，心理学规律也是普遍适用的。尽管不同国家的文化有着独特之处，但它们都有着共同的文化基础。这种共通性表现为“知识无国界”，即不同文化之间存在着某种程度的知识和理念的共享。

2. **文化的阶级性**

由于每个人始终属于某一特定的社会阶层，因此人类也具有阶级性。这一观点突显了个体与社会等级关系之间的紧密联系。文化在其表现中反映了社会的等级结构。这种表达体现为一种观念，即文化的阶级性。文化作为一种符号系统，承载和传递着社会阶层的差异和不平等。马克思主义认为，文化的阶级性是其核心观点之一。这表明文化不仅仅是一种抽象的表达，而是深刻地受到社会结构和阶级关系的塑造和影响。这一阶级性观点被局限在阶级社会的范畴内。这意味着在没有明确社会阶级划分的情况下，文化的阶级性可能不会显著表现。

3. **文化的民族性**

特定的民族、集团、国家或地区的人们在一定的自然环境基础上，创造了独特的劳动方式和社会参与方式。这突显了文化的根源与人类与环境的互动关系。民族文化的独特特质，包括风俗、习惯、伦理、道德等精神文化，随着时间的推移逐渐累积，最终形成了特定的文化体系。在横向上，不同文化类型之间存在相对性、差异性和独特性。这表明每个文化都是不可替代的，具有独特的特征。在纵向上，民族文化具有一定的共性特征，同时在历史演变过程中保持了自己的身份。这反映了文化的历史延续性和独立性。文化的民族性存在于文明社会中这一观点强调了文化的民族性是文明社会中的现象，需要特定的社会背景和发展水平。文化被视为国家的灵魂，是促进国家统一和民族团结的纽带。这强调了文化在塑造国家认同和凝聚力方面的作用。

4. **文化的时代性与发展性**

文化在各个时期都具有特殊的社会历史条件，包括物质生产方式、政治状态、人与自然关系等。这表明文化与时代的联系是深刻而密切的。不同时期的社会历史条件，如特殊的物质生产方式和政治状态，会塑造出不同的文化。这突显了文化与社会环境之间的相互影响。每个时期都拥有独特的文化，即文化具有时代性。这意味着文化不是静止不变的，而是随着时代的推移而演变和变革的。人类的社会实践是一个深入的过程，文化作为社会实践的产物也经历了从简单到复杂、从低到高的历史发展。文化的演进与社会实践同步进行，反映了人类社会的发展脉络。文化的历史发展被描述为一个从简单到复杂、从低到高的层次性过程。这强调了文化的演变具有逐步提高的趋势，与人类社会的进步相关。

文化是人类对世界认知和改造过程中产生的一种精神产物。这突显了文化与人类思维、实践的关联。文化与经济、政治的关系日益密切。文化不仅反映经济和政治，而且对它们产生影响，相互之间存在着互动关系。文化在促进经济增长、增强国家综合力量、参与国防竞争、培养民族精神、提升人的素质、推进社会全面进步等方面发挥着基础性和战略性的作用。文化不仅反映经济和政治，同时也赋予它们相应的动力。这说明文化在塑造和推动经济政治发展中扮演着积极的角色。文化发展建立在经济发展的基础上，两者相互关联。经济的发展为文化创造提供条件，而文化的发展也支持经济发展，并拓展新的领域。文化与政治是互动的，相互促进。文化既是政治的先导，也是政治的后盾，为经济服务。这表明文化在塑造国家政治面貌和服务于经济发展中具有关键作用。文化要与经济政治协调发展，否则经济政治的发展可能会滞后。这强调了文化在整体社会发展中的不可或缺性。

文化不仅是培养和传承民族精神的重要载体，还有助于培育民族活力，激发创新，以及形塑民族凝聚力。文化在这方面发挥着塑造国家形象和社会认同感的关键作用。文化对人们的思想、道德、科学等方面都有着很大的帮助。它不仅提供精神上的滋养，还为人们的现代化建设提供强有力的精神力量和智力支撑。这表明文化对整体社会发展有着广泛的积极影响。文化生产力是一种特殊的社会生产力。文化产品的生产涉及到智力投入和物质投入，具有社会生产力要素的基本特点。这突显了文化在社会生产力中的独特地位。文化产业作为一个新兴产业正在蓬勃发展。文化产业创造的价值在国内生产总值中所占比例逐渐增大，其在国民经济中的作用也不断扩大。这说明文化不仅是一种精神产物，还是经济发展的重要推动力。

目前，很多地方正在努力改善投资环境，提升区域整体竞争力。与硬环境建设相比，软环境的构建变得至关重要。建设一个廉洁高效的政务氛围、民主公正的法治氛围、公平诚信的市场氛围、安全稳定的社会氛围、舒适便利的生活氛围、健康向上的人文氛围、可持续发展的生态氛围等，都需要考虑人的素质，而这些方面都与文化建设密不可分。

文化确实是一个有机体的精神根基，既是稳定力量，又可能是动荡因素。每个人都在文化的熏陶下成长，同时也在参与塑造文化。对文化的深刻理解有助于把握社会的实质，让我们更清晰地看到人类发展的脉络。这样一来，我们就能更好地意识到当前需要采取的行动。文化是社会的镜子，透过它我们能更全面地理解自己和周围的世界。

二、交际

（一）交际的定义

交际确实是我们生活中不可或缺的一部分。这也解释了为什么人类总是渴望建立联系，与他人分享经验、感受和思想。从语言到非语言，交际贯穿着我们的日常，而文化则为这种交际提供了深刻的背景和意义。不同文化对交际的理解和重视程度确实存在差异，这反映了文化对人际关系和信息传递的独特看法。东方文化注重人际关系的维护，强调交际不仅是信息传递的工具，更是人际联系的重要方式。这种多元性让交际变得更加丰富而复杂，也使得我们在跨文化交际中更需要敏感和理解。

观察层次的高低确实能反映出交流的抽象程度，有时候我们需要更具体的表达，而有时则需要更宏观的概括。意向性对于交流来说也至关重要，因为有时候信息的传递并非只是简单的表达，而是带有目的和意图的。这也解释了为什么有时候交流可能会失败，因为信息的传递方向并非总是得到理解和接受。而规范性评价作为判断交流成功与否的标准，确实体现了交流的实质。交流的结束是否达到了预期的效果，确实是一个重要的衡量指标。然而，关于成功交流的标准却因人而异，因为在跨文化的情境中，接受者可能对信息有不同的解读和期望。因此，交流完成的定义确实可能因文化差异而有所变化。

斯蒂芬·李特约翰对交际中的“意识性”进行的分类确实为我们更深入地理解交流提供了一个有益的框架。未感知的情景下，信息传递可能在我们的意识之外，我们并未察觉到。这类情况下，信息的传递可能是非常隐性的，需要额外的注意才能被觉察到。偶然感知的情况下，我们或许会在某个瞬间偶然发现信息传递者的行为，虽然我们理解了他们的意思，但我们可能并未表达出明确的回应。而被关注的情境下，我们不仅察觉到了信息的传递，而且我们可能对这个信息有了反应，可能是认同、可能是不认同，甚至可能引发争论。李特约翰进一步将信息传递的方式划分为征候式行为、非言语行为和言语行为，这有助于我们更具体地理解信息的表达方式，从而更好地分析交际过程中的细微差别和复杂性。这种分类为我们揭示了交际的多层次性和多样性，使我们能够更深入地思考和解读交流行为。

交际确实是一个涉及多个层面的复杂过程，从感知、认知到语言表达，再到对信息的理解和解码，每个阶段都是交际中不可或缺的环节。而符号学的角度更是强调了信息传递中符号的重要性，无论是语言符号还是非语言符号，都扮演着连接发送者和接收者的桥梁。在这个理想化的过程中，交际是一个循环的话轮，展现了信息的不断流动和互动。然而，实际的交际中，我们也会遇到各种挑战，例如停顿、理解偏差等。这些情况使得交际变得更加丰富和有趣，同时也要求参与者具备适应性和灵活性。即使在看似普通的情境中，比如打喷嚏，人们都在进行着交流，有意或无意地传递着信息。在这种情况下，即使身边的人没有察觉到，交流仍然在发生，而成功与否可能更多地取决于发出者是否达到了自己的目的。李特约翰的观点强调了交流的动机和目的，而不仅仅是信息的传递。无论是通过说“上帝保佑你”还是提醒多穿点衣服，背后都反映了对他人健康和安全的关切。这也再次突显了交流中的情感和社交因素，远远超出了纯粹的信息传递。在这个过程中，对信息的编码与解码是关键，同时也需要考虑到文化背景和社会习惯的影响。在不同的文化中，人们可能会选择不同的方式来表达相似的关切和意图。这种多样性让交流变得更加有趣且具有挑战性。

改变语调确实可以在传达相同信息的情况下表现出不同的关系和情感色彩。这涉及到语言学中的语用学，即语言使用的背后含义和目的。交流因素包括信息、发出者和接收者，而且强调了交流的复杂性，涵盖了不仅仅是信息传递，还有双方的关系、性格、言语行为等方面。这种多层次、多维度的交际确实使得我们在日常生活中更丰富地表达和理解信息。文化背景的影响也是关键，因为它塑造了我们对于合适和有效交流的期望和方式。网络的普及确实改变了信息传递的方式，但文化因素仍然是构建成功交流的重要组成部分。

（二）交际的特点

符号性、解释性、互动性、情境性这四个特征形成了一个复杂而相互关联的网络，使得语言交流更为丰富和有深度。符号性的概念让我想到了语言的多义性和隐喻性。即使使用相同的符号，不同的人可能会解读出不同的含义。这也强调了解释性的重要性，因为信息的传递并非仅仅在于发出，而更在于接收者的理解和解读。这种解释性的过程，有时候可能涉及到文化的差异，从而增加了交流的复杂性。互动性则强调了交流双方之间的关系，尤其是在话轮的交换中。这让我想到了对话的默契和共鸣，即人们如何相互呼应，共同构建和维护对话的流畅性。情境性的观点也很有趣，因为语言交流并非孤立存在，而是嵌入在具体的环境和语境中。这使得同一句话在不同情境下可能产生截然不同的含义，增加了语言理解的复杂性。总体而言，这四个特征为我们提供了一个更全面的框架，帮助我们更好地理解语言交流的本质。

（三）交际的方式

交际的方式是人们在交际过程中采用的方法和手段。这包括了言语交际和非言语交际两个方面，它们各自都有不同的特点和功能。

1. 言语交际

（1）表意功能：这是语言作为符号系统与现实世界之间关系的 部分。通过言语，人们能够用词语传达对现实世界的描述和看法。例如，“天气真冷”就是对现实气温的一种描述。

（2）语用功能：说话人在交际时有特定的意图，并以言外之意的形式表达出来。例如，当甲说“我的笔没墨了”时，乙递给甲一支笔，这就是通过行动表达的语用功能。

（3）寒暄功能：用于保持联系，创造气氛，拉近彼此距离。例如，“最近怎么样？”就是一种寒暄。

2. 非言语交际

（1）动作：包括手势、面部表情、身体姿态等。这种方式在交际中起到直观传递信息和情感的作用。

（2）目光：眼神交流可以表达关注、喜爱、不满等情感，是一种重要的非言语交际方式。

（3）语调：言语中的音调、语速、语调变化等都能传递更多的信息，包括情感和语气。

3. 文化差异和交际方式

在不同文化背景下，人们可能更倾向于使用不同的交际方式。一些文化更注重直接表达，而另一些则更注重含蓄和间接的方式。例如，美国文化通常倾向于直接表达，而亚洲一些文化可能更倾向于使用委婉和含蓄的语言。

总的来说，交际的方式受到文化、背景、习惯等多方面因素的影响。了解并尊重不同文化的交际方式有助于更好地理解和沟通。

（四）交际的构成要素

交际的过程包括信息源、编码、信息、渠道、干扰、信息接收者、解码、信息接收者的反应、反馈以及语境十个要素。

（1）信息源（Source）：这是交际的发起者，是具有某种想法或信息需要传达的个体。信息源的意图和目的直接影响了整个交际的方向和效果。

（2）编码（Encoding）：编码是将信息源的想法转化为符号或代码的过程。这个阶段关乎信息如何被传递和理解，涉及到语言、符号、表达方式等。

（3）信息（Message）：编码后的结果，即具体的信息内容。这是整个交际的核心，是信息源想要传达的实质。

（4）渠道（Channel）：渠道是信息传递的手段，可以是口头语言、书面语言、非言语手段等。选择合适的渠道直接影响到信息的传递效果。

（5）干扰（Noise）：干扰是可能扰乱信息传递的因素，可以是外部噪音、语言障碍、误解等。成功的交际需要克服这些干扰。

（6）信息接收者（Receiver）：信息接收者是关注和接收信息的个体，他们在整个交际过程中起着至关重要的角色。

（7）解码（Decoding）：解码是信息接收者对收到的符号进行理解和赋予意义的过程。这是信息接收者积极参与交际的体现。

（8）信息接收者的反应（Receiver Response）：信息接收者在解码后做出的行为和反应，包括情感反应、行为反应等。

（9）反馈（Feedback）：反馈是信息源获知并理解信息接收者反应的一部分。这个环节有助于信息源了解信息的传递效果，并对之做出调整。

（10）语境（Context）：情境是交际发生的环境，它帮助解释和理解交际内容的含义。语境包括物理环境、社会环境、文化环境等。

这些要素相互作用，共同构成了一个完整的交际过程。了解并注意这些要素有助于更有效地进行沟通和交流。

（五）交际的基本特点

（1）交际是一个不断演变的过程，涉及到多个构成要素的相互影响。人们在交际中不仅仅是发送和接收信息，还在不断调整、适应和改变自己的表达方式，以更好地满足交际的目的。这种动态性使得每个交际都是独特的，受到当时情境、参与者状态等多方面因素的影响。

（2）交流是一种一经发生就无法完全撤销的行为。一旦信息被发出，它就留存在听众的心智中，并且可能产生长远的影响。这也强调了在交流中的谨慎和意识到自己言行的重要性。无法收回的性质使得交流的效果和影响具有持久性。

（3）符号在交际中的作用不可忽视。这是人类独有的能力，通过符号，人们能够传递和共享复杂的思想和意义。符号的主观性和文化相对性确实是一个有趣的层面，不同文化对同一符号可能有不同的理解。

（4）交际是一个复杂的系统，涵盖了多个方面，包括情景、地点、时间和参与者。这种系统性使得交际更具有结构和组织，同时也受到系统内部各元素相互关系的影响。

（5）人们通过符号来反思和评价自己的交际行为，这是一种高度发达的认知能力。通过自省，人们可以不断改进自己的交际方式，提高沟通效果。

（6）交际是一种互动的过程，涉及到多个参与方。这种互动性使得信息在不同参与者之间流动，创造并维持着共同的意义。这也强调了交际的共同性和合作性。

（7）确实，交际是发生在特定背景下的。背景环境的多样性影响了交际的语境，也在很大程度上决定了信息的解读和意义。

三、文化与交际的关系

（一）文化影响交际

在不同的文化和社会环境中，人们对于关心他人、表达关切等行为的理解和接受程度可能截然不同。这种情况反映了文化核心价值观的多样性。在中国文化中，关心他人的身体状况被看作是一种体现人情味和关爱的表现。因此，当中国学生对美国老师提出建议时，是基于一种善意和关切的表达。然而，对于一些西方文化，特别是在个人生活领域，人们更注重个人隐私和独立性。因此，给予关于健康等私人事务的建议可能被视为过于干涉个人生活。这种差异强调了跨文化交际的复杂性。在国际交流中，理解和尊重对方文化的差异变得尤为重要。这包括了对言行举止的不同理解，以及在交流中保持敏感和谅解，避免产生误解和冲突。

（二）交际影响文化

交际是文化传播的主要手段之一，通过交际，不同文化之间的信息、观念、价值观等得以传递和交流。在改革开放的过程中，中国社会面临着文化的多样性和变革。西方文化的影响在汉语中的新词汇、生活方式、甚至是节庆等方面都有所体现。这种文化渗透反映了全球文化交流的趋势，也为中国文化注入了新的元素。这样的文化交流和互动，除了在语言中体现，还可以在日常生活的方方面面看到，包括服饰、饮食、娱乐等。正是通过这些互动，文化得以不断演变和丰富，也为社会的开放和进步提供了动力。

（三）文化在跨文化交际中的地位

文化在跨文化交际中的地位非常重要。首先，文化是人们共同的价值观、信仰、习惯和行为模式的集合，它塑造了个体的思维方式和行为表现。在跨文化交际中，参与者往往来自不同的文化背景，理解彼此的文化差异是成功交流的关键。文化影响着语言的使用和解释，同样也影响非语言交际，如肢体语言、面部表情等。在跨文化交际中，了解对方的文化背景有助于避免误解和冲突。比如，在一些文化中，直接表达意见可能被视为失礼，而在另一些文化中，直接沟通可能更受欢迎。此外，文化还涉及到社会结构、礼仪、沟通风格等方面的差异。在商业、外交、教育等领域，了解并尊重对方文化的做法可以建立信任和合作关系。在全球化时代，跨文化交际变得愈发普遍，因此跨文化教育也变得至关重要，帮助人们适应多元文化的社会环境。

第二节　跨文化交际基本分析

一、跨文化交际与沟通能力

跨文化交际是不同文化的个体进行思想和信息的交流。这个领域的英语术语是“Intercultural Communication”，早期也被称为“Cross-Cultural Communication”。跨文化交际研究最初起源于美国，如今已经成为一门相对完善的学科，美国在这方面处于国际前沿。美国是一个主要由移民构成的国家，各种文化在这里相遇，难免会产生文化上的冲突。同时，各国的移民也努力保持自己的文化与传统，不愿意放弃，这形成了美国现代社会的“多文化模式”或“文化熔炉”。在这种背景下，美国的学术界和社会对跨文化传播的策略和方法进行了深入研究，给予了极大的重视。

跨文化交际研究是近年来迅速发展的一门学科，它综合了人类学、语言学、心理学、交际学、社会学等多个领域，引起了全球范围内的广泛关注。除了研究跨文化交际与语言关系外，学者们还深入探讨了跨文化交际与沟通能力之间的关系。这方面的研究致力于将跨文化交际能力的培养与个体沟通技能相结合，旨在提高学生在个人沟通能力建设中的语言文化意识或文化敏感性。通过这种方式，个人沟通能力得以发展成为真正的跨文化交际能力。在这个全球社会大变革的时代，来自不同文化背景的人们渴望在文化上进行交流、融合和碰撞。只有通过这种方式，不同文化群体的人才能够在日常交流中逐渐了解和认可对方。这反映了社会的多元化趋势，同时也强调了跨文化交际在促进理解、尊重和合作方面的重要性。

跨文化交际中的交流能力确实是一种关键的素质。这种能力不仅仅体现在言语表达上，还包括辩论、倾听以及一系列的设计，如形象设计、动作设计和环境设计。通过这些手段，交际者能够在交流的过程中完成自己意识和观念的转化，使其能够被其他文化者所接纳。跨文化交际能力实际上是内在素质的外在表现，它涉及到个体的学识、能力以及人格魅力。在跨文化交际中，具备良好沟通能力的人能够成功地传递专业知识和技能。这种能力既包括主观因素，如沟通者的意愿和能力，也包括客观条件，如文化背景和环境。在确保沟通成功的过程中，交际者需要敏锐地意识到不同文化之间的差异，以避免误解和冲突，并以开放的心态去接纳对方的观点和价值观。

综合性的跨文化交际活动确实对不同文化背景的人们的交际能力进行了有针对性的关注。清晰的思路和高效的信息收集是实现高效交际的关键。这种方法使交际者能够做出符合逻辑的分析和判断，从而更容易被其他文化者接受。在这方面，思路的明确和逻辑判断的精准性是至关重要的。即使拥有高超的言语技能，如果没有明确的思路和精准的逻辑判断，也难以实现有效的沟通、说服和感染效果。在跨文化交际中，强调“思想交际”和“语言交际”是非常合理的。仅仅注重语言层面的交际难以深入了解对方内心深处的真正想法。真正的跨文化交往需要从语言层面上升到思维层面，了解对方的思维方式和思维习惯。这样才能实现全面的跨文化交际过程。一个具备跨文化交际能力的人不仅能够轻松建立和保持良好的关系，还能够进行有效的人际交流。了解交际对方的心理活动和思维取向，并根据这些信息调整自己的交际方式，是跨文化交际者成功的关键。这种灵活性和适应性是跨文化交际中的重要素质。

在跨文化交际中，确实需要注重向对方清晰地表达自己的心理意图。使用直观的语言和动作，确保信息既充足又不冗余，是实现高效交际的有效方法。这种方式可以帮助对方更好地理解你的意图，从而促进有效的信息传递和理解。聆听式沟通的方法也是很重要的，通过专心聆听，能够捕捉到对方的信息并进行有效的信息加工。这不仅有助于建立良好的交际意愿，还能够促使交际过程更加顺畅。另外，确保不卷入关于交际的争论是一个明智的提醒。跨文化交际需要在互相理解和尊重的基础上进行，避免争执有助于维持积极的交际氛围。让其他文化背景的人接纳你的思想确实是交际成功的关键，这需要在表达自己观点的同时，考虑对方的文化背景和观念，以取得对方的理解和信任。最后，强调宽容、接纳、设身处地为别人着想是非常重要的。在跨文化交际中，人们更倾向于记住整体感受和外部印象，而不仅仅是交谈的内容。以宽容的态度对待别人，能够在交流中取得更好的结果。在交际中，理解是相互的，而宽容和尊重是促进理解的关键。

二、跨文化交际与人际关系

在中国文化中，强调人情感和人伦道德是非常重要的，这反映了对人际关系的关注和重视。这种注重人情的交际方式有助于建立和谐的关系，打破隔阂，促进更深层次的理解和互动。人伦的概念在中国文化中有着深厚的历史，它关乎到个体与社会、家庭之间的关系，也延伸到了“类”“道圣”“文理”“人情”等方面。在跨文化交流中，人伦的概念提出了对交流对象更高要求的观点，强调有良好的人伦道德和个人魅力，以展现合理的人际秩序。另外，“缘分”也是一个重要的概念，它强调人与人之间的自然关系。在跨文化交流中，人际交往被看作一种特殊的语言现象，是对不同文化之间人际关系的一种认知和认可。这种本能的互动关系对于构建多文化的幸福生活、和谐的组织和安定的世界格局都具有积极的影响。总的来说，在跨文化交流中，真实的感情、态度、信仰和思想的传达是至关重要的。通过真诚的态度、谦逊的心态、适度的自我表达，可以打动和感染他人，促进人际关系的建立和发展。这种方法有助于消除不同文化之间的人际隔阂，促使人们在人生观、价值观上找到共同点，进一步加深交流和理解。

各司其职、各行其道的原则有助于在跨文化环境中建立和维护良好的人际关系。这种方式有助于降低文化差异可能带来的误解和冲突，为人们提供了一个更清晰、更可预测的交际框架。在不同文化中，每个人的社会角色和期望可能有所不同。通过强调各司其职、各行其道，可以减少因为文化差异而导致的不确定性。每个人在交际中都清楚自己的职责，这有助于避免不必要的误解和冲突。这种模式体现了对文化差异的尊重和理解。通过让每个人在交际中发挥其文化所赋予的角色，可以更好地认识和尊重彼此的文化差异。这种尊重是建立跨文化关系的关键。清晰的框架有助于建立一个和谐的交际氛围。人们能够更容易理解对方的期望和行为，从而更好地协调和合作。这对于团队、合作项目等跨文化环境中的成功至关重要。这种模式反映了一种尊重他人、理解差异的价值观。通过在交际中尊重各自的文化差异，人们能够更加平等地参与互动，避免对方感到被误解或不被尊重。总体而言，这一理念为构建积极的跨文化交际关系提供了实用的指导原则。在尊重和理解的基础上，人们能够更加有效地与不同文化背景的人建立联系，促进文化之间的良好互动。

在不同文化背景下，通过情感的传递建立亲近感和吸引力确实是关键。情感能够打破语言和文化的障碍，让人们更深层次地理解和接受对方。即便意见相左，通过情感的传递仍能产生共鸣，为建立互相认同提供基础。跨文化人际关系的基础是相互重视和心理支持。人们有着被理解和被尊重的需求，这构成了跨文化交际中的心理相容。包容、宽容和忍让是在不同文化中建立和谐关系的关键。这种态度有助于尊重他人的差异，创造谦逊、宽容的氛围。在跨文化交际中，信用是基本准则。诚实、不欺骗、守信是建立信任的基础。通过真实、谦逊的表现，可以迅速赢得他人的信任。自信心和谦逊相结合，有助于调动他人的热情，促进更有效的交流和合作。总的来说，这些原则构建了一种积极、尊重、真诚的跨文化交际方式。在这样的氛围中，人们能够更好地理解和接受彼此，从而建立更加牢固的人际关系。

三、跨文化交际的表现形态

爱德华·萨丕尔对非语言交际的描述强调了它的直观性和无需语言表达的特点，这对于跨文化交际更是具有深刻的意义。非语言交际作为一种无需文字表达的编码，通过感知和观察交际双方的行为，实现信息的传递。这种形式的交际可能包括肢体语言、面部表情、眼神交流、姿势等。这些非语言元素往往是文化特定的，而在跨文化交际中，理解和适应这些非语言信号至关重要。在跨文化交际中，语言行为也是关键的一部分。语言不仅仅是词汇和语法的组合，还包括语境、语气、口音等方面。在不同文化背景下，语言的使用方式和表达方式可能有很大差异。了解并尊重对方的语言文化，避免误解和歧义，是实现有效跨文化交流的关键。综合而言，跨文化交际需要综合考虑语言和非语言行为，理解并适应不同文化的交际方式。这有助于建立更深层次的理解和互信，促进文化之间的良好交流。

语言行为和非语言行为在跨文化交际中有各自的作用，但更常见的情况是它们相互交织、交替运用。通过语言行为，交际者可以直接传递信息、表达思想感情，而非语言行为则在无需言语的情况下传达丰富的信息，如情感、态度、文化背景等。这种交替运用使得交际更加灵活、细腻，有助于更全面地传达交际双方的意图和情感。过去确实有时候更多关注语言自身结构，但近年来越来越多的研究也开始关注非语言行为的运用，认识到它在跨文化交际中的重要性。通过综合运用语言和非语言，交际者能够更有效地与不同文化背景的人进行沟通，避免误解，建立更深层次的理解和互信。总体而言，这种相辅相成的关系对于实现有效的跨文化交际确实至关重要，也凸显了多元文化交流的复杂性和丰富性。

（一）语言行为交际

语言不仅是信息传递的工具，更是文化、情感、思想的表达方式。在跨文化交际中，了解对方的语境、文化和沟通方式变得尤为重要。语言的艺术不仅表现在语法结构、词汇运用上，还包括非语言元素，如语调、表情、手势等。这些元素共同构成了言语的丰富多彩之处。在交际中，不仅要注意自己的表达方式，还要敏感地理解对方的言外之意，这需要一种跨文化的语感和理解力。而在跨文化交际中，除了语言本身的差异，还要考虑到文化的差异。不同文化有不同的交际规则、礼仪和价值观，理解和尊重这些差异是成功交际的关键。语言艺术在这里就显得尤为重要，因为它帮助我们更好地理解并适应其他文化的语境。语言交际是一个相互学习、适应和尊重的过程。通过不断提升语言艺术水平，我们能更好地在跨文化环境中建立起有效的沟通和理解。

语言行为交际的有效性很大程度上取决于言语的选择和理解。在不同的语境和交际对象中，我们需要灵活运用语言，选择适当的词汇和表达方式，以确保信息能够准确传达，并且尊重对方的语境和文化。言语的简洁是有效交际的关键之一。通过简洁而清晰的表达，我们能够更直接地传达信息，减少可能的歧义和误解。这对于日常交流、学术讨论以及专业领域的沟通都是至关重要的。在多文化的环境中，对于语言选择的敏感性也显得尤为重要。了解并尊重不同文化的语境、礼仪和用词方式，有助于避免文化冲突，促进良好的跨文化交流。在大学场景中，使用普通话作为共同的语言是一种智慧的选择，确保了多样性的社群能够有效地进行交流。此外，关注交际对象的特点，考虑他们的语言背景和文化差异，可以帮助我们更好地调整语言行为，使之更贴近对方的理解和期望。总体而言，语言行为交际是一个综合性的过程，需要我们在言辞选择、表达方式和文化敏感性上都具备一定的智慧。

不同文化背景中，人们对于相同情境的理解和表达方式可能存在差异，这就需要我们在交际中更加注重对文化习惯的尊重和理解。言语中的寓意和礼仪在不同文化中可能截然不同。打喷嚏后的回应就是一个很好的例子，各国人民在这方面的表达方式差异很大，这反映了对生活事件的不同理解和对待方式。在国际交往中，理解并尊重他人的文化习惯是建立和谐关系的关键。有时候，即使表面上的语言是相同的，文化的差异也可能导致误解。例如，表达祝愿的方式、对待亲密关系的态度、处理冲突的方式等，都受到文化的深刻影响。因此，在跨文化交流中，我们需要更深入地了解对方的文化，以避免潜在的冲突和误解。对于一词多义的情况，比如“死”这个词，确实存在许多文化中采用的委婉说法。这体现了人们对于敏感话题的不同处理方式，也反映了文化对于表达方式的规范。文化习惯的了解和尊重是有效交际的重要组成部分，有助于在跨文化环境中建立更为深厚的人际关系。

（二）非语言行为交际

跨文化非语言行为交流的研究确实在近年来得到了更多的关注。非语言行为包括了身体语言、面部表情、手势、目光、姿势等各种非语言元素，它们在不同文化中的解读和运用都可能存在差异。跨文化非语言行为交际学科的发展反映了人们对于全球化背景下跨文化交流的关注。在这方面的研究可以帮助我们更好地理解和应对不同文化间的沟通障碍，提高跨文化交际的效果。例如，在一些文化中，眼神交流可能被认为是尊重的表现，而在另一些文化中可能被视为无礼。手势和面部表情也有很大的文化差异，同样的动作在不同文化中可能传递着不同的含义。因此，对非语言行为的敏感性和理解程度对于建立跨文化关系至关重要。跨文化非语言行为交际学的研究有助于拓展我们对于文化差异的认识，促进不同文化之间的相互理解。在全球化时代，这种跨文化交际的能力越来越成为一个重要的社会技能。

非言语行为是一种突显个体情感的展示方式，其所承载的含义在不同文化环境中各异。比如，在汉语或英语文化中，点头通常表示同意或赞同，而在印度或希腊等国家，点头则意味着不同意或不赞成。英美人常用耸肩或摊开双手来表达“无可奈何”或“不知所措”的意思，但在中国，这些动作并没有特殊的涵义。眼神交流在非言语交流中也起着重要作用，而在东西方文化中表现出截然不同的特色。在美国，直视别人并与其眼神交流被视为诚实和尊重的体现。相反，在中国，正面对视被认为是失礼的行为，人们在交流时通常避免直接的眼神接触。正如毕德维斯泰尔所指出的，“我们无法确定哪些肢体动作或姿态是普遍具有代表性的，换句话说，我们不可能找到一种面部表情、姿势或身体语言，在所有社会中都具有相同的含义。”

在文化交际中，非语言交流扮演着至关重要的角色。它不仅包括了语言结构，还涉及到社会文化和生活习俗等多个方面的知识。在跨文化交际中，非语言行为与语言行为之间存在显著的差异。社会心理学中将非语言交际定义为利用语言、文字以外的媒介传递信息、表达思想或意图的方式，如脸部表情、肢体语言、音调等。非语言交际是一种在无意识状态下进行的交流方式，通过外在特征来表达语言或文字，使对方理解并领会信息，同时也能从对方的情感、态度、性格等方面获取更多信息。眼神、表情、手势等非语言元素往往能在不自觉中实现交流目的。明显地，“眼神”和“肢体动作”是人们常用的非语言交流手段。在跨文化交际中，眼神的交流、注视与非注视都能传达内心想法和情感。身体运动也能表达不同情感、个性特征和态度。例如，性格外向者的行动更快，说话声调更高，而性格内向者则可能表现出不同的身体姿态。这些差异在交际中起到了重要的沟通作用。

四、跨文化交际的表现形式

（一）旅游领域的跨文化交际

在旅游领域，跨文化交际是不可避免的，因为游客和当地居民通常来自不同的文化背景。游客和当地人可能使用不同的语言，因此语言障碍可能成为一个挑战。在一些旅游热点，导游和服务人员通常会具备多种语言的沟通能力，以便更好地满足游客的需求。游客可能对当地的文化传统、习俗和礼仪不太了解，而这些在不同文化之间可能存在显著的差异。了解和尊重当地文化对于建立良好的跨文化关系至关重要。身体语言、表情和姿势在跨文化交际中扮演着重要的角色。在一些文化中，对于眼神接触或身体接触的接受程度可能有所不同，因此游客需要敏感地处理这些非语言信号。不同文化对于旅游体验的期望可能存在差异。一些文化可能更注重历史和文化遗产，而另一些可能更注重购物和娱乐。旅游服务提供者需要了解并满足不同文化背景游客的期望。为了促进更好的跨文化交际，一些旅游目的地可能提供文化教育活动，帮助游客更深入地了解当地的历史、传统和价值观。在旅游业中，成功的跨文化交际有助于提升游客的体验，促进文化理解和尊重，同时也有助于在全球范围内建立积极的旅游形象。

（二）贸易领域的跨文化交际

在贸易领域，跨文化交际是成功开展国际业务的关键。不同国家有不同的商务礼仪和职业文化。了解并尊重这些礼仪是至关重要的，包括交换名片的方式、会议礼仪、礼物的适当性等。不同的国家和地区使用不同的语言，因此语言障碍可能是一个挑战。在国际贸易中，使用专业的翻译服务或雇佣懂得多种语言的人员可以有助于克服这一障碍。商务人士需要了解不同文化之间的差异，包括沟通风格、时间观念、决策方式等。例如，在一些文化中，建立关系可能比业务本身更重要，而在其他文化中可能更注重迅速的业务决策。不同文化对于谈判的期望和风格也有所不同。一些文化可能更倾向于直接而透明的谈判方式，而另一些可能更注重间接和圆滑的表达方式。不同国家的法律和法规也可能存在差异，包括商业合同的条款、知识产权保护等。了解并遵守当地的法律对于贸易关系的可持续发展至关重要。熟悉国际贸易的惯例和规则，例如国际商会制定的国际商业术语，有助于确保双方在贸易过程中的清晰理解。在贸易领域中，跨文化交际的成功有助于建立强大的商业关系，促进国际贸易的顺利进行。了解和尊重不同文化之间的差异，以及有效地应对这些差异，对于推动国际贸易的发展至关重要。

（三）教育领域的跨文化交际

在教育领域，跨文化交际是非常重要的，特别是在国际学生和教育者之间。以下是一些在教育领域中的跨文化交际方面的考虑：学校和教育机构通常会吸引来自不同文化背景的国际学生。提供有效的国际学生支持服务，包括文化适应辅导、语言支持和跨文化交流培训，有助于帮助这些学生更好地适应新的学术和社会环境。不同文化对于教学方法和学术期望可能存在差异。了解学生的文化背景，采用多样化的教学方法，促使学生参与并取得成功，是提高教学效果的关键。在跨文化教育中，语言能力是一个重要的考虑因素。教育者需要确保语言课程和教学材料适应不同水平和语言背景的学生。教育者需要具备文化敏感性，理解学生的文化差异，并尊重不同的学术和社会价值观。这有助于创造一个包容性的学习环境。学校可能会组织国际交流项目，促使学生有机会与其他文化进行互动。这种经历有助于拓宽学生的视野，提高他们的跨文化交际能力。熟悉国际学生签证和留学政策，确保学生合法留学，同时也要了解教育机构对于国际学生的支持政策。在教育领域中，有效的跨文化交际不仅有助于提高学生的学术成绩，还有助于培养全球公民意识，促进不同文化之间的理解与合作。

第三节　跨文化交际能力分析

一、交际能力与跨文化交际能力

交际能力是人类在与他人交往和沟通时所需的基本能力，它包括了语言表达、倾听、非语言沟通等多个方面。这种基本的交际能力是社会互动的基础，无论在什么文化环境下都是至关重要的。而跨文化交际能力则进一步要求交际者具备适应不同文化环境的能力。这需要除了基本的交际能力外，还应具备外语能力，以便在多语言环境中进行有效的沟通。此外，跨文化敏感力也是关键，包括对不同文化价值观、信仰、习惯等的理解和尊重。跨文化交际能力的培养是现代社会中越来越重要的一项能力，特别是在全球化的背景下。它不仅有助于个体更好地适应多元文化环境，还促进了文化间的相互理解与合作。

（一）交际能力

“交际能力”这一概念的提出和发展确实是在语言学和社会学等领域中得到了深入研究和拓展。海姆斯在《交流能力》中的定义对于强调语言使用的适当性以及在特定社会情境中的考虑是很有见地的。他将交际能力划分为语法上的正确性、可接受性、语言的适用性以及语言的实践性四个方面，强调了语言在实际交际中的多层次性和复杂性。后续学者在这一概念的发展中进一步深化了对交际能力的理解。卡纳尔和斯温将交际能力分为语言能力、社会语言能力、语篇能力和交流策略，范艾克则进一步拓展为语言能力、社会语言能力、篇章能力、交际策略、社会文化能力和社会能力。这些分层次的构建有助于更全面地理解交际能力，强调了在不同语境中的多方面需求。巴克曼与帕尔默则通过心理学研究提出了语言能力、策略能力和心理活动三个不同层面的交际能力，进一步突显了语言交际的生理和心理基础。陈国明对“交际能力”的概念进行了整合，将其统称为沟通能力或胜任度，强调了有效性和适当性作为交际能力的主要内涵。这种理解更加强调在互动中达成意愿结果的能力和参与者在特定情景中的适应能力。这些不同学者对于“交际能力”概念的理解，为语言学、教育学和社会学等领域提供了丰富的理论支持，也为实际教学和跨文化交际提供了有益的指导[①]。

（二）跨文化交际能力

跨文化交际能力的定义确实突显了在不同文化背景下进行有效交流的重要性。金对跨文化交际能力的定义强调了处理文化差异、文化陌生感、本土群体内部态度以及心理压力等关键问题的能力。这种能力不是天生的，而是需要通过长期的教育和学习过程来培养。在全球化时代，面对不断增加的多元文化交互，提高跨文化交际水平变得愈发重要。跨文化交际的能力被认为是交际能力的扩展，着重于在特定情境下能够恰当地运用有效的交流行为，同时确认双方多元身份的能力。这强调了不仅要关注人与人之间的正确和有效交流，还要考虑到交际环境以及参与者的文化身份。陈国明的看法也进一步强调了跨文化交际能力的扩展性，将其视为交际能力的一种延伸。他强调在跨文化交际中，交际者需要适应特定的情境，能够正确运用有效的交流行为，并在此过程中确认双方的多元身份。这一定义将跨文化交际能力置于具体的情境背景中，更加贴合实际应用的需求。综合而言，跨文化交际能力的重要性在当今社会愈发凸显，其定义不仅关注了在文化差异下的处理能力，还强调了对情境背景的敏感性和多元身份的确认。这对于培养学生在全球化环境下的交际能力提供了有益的理论指导。

二、跨文化交际能力的基本要素

跨文化交际是一门综合多学科的新学科，拥有强烈的跨越性。在 20 世纪 90 年代，跨文化交际能力被看作是人才培养中的一种新型能力范式，旨在培养具备跨文化交流技能的人才。该领域强调交际者需要具备跨文化敏感力、跨文化意识以及处理文化差异的技巧和灵活性。这三个方面之间并非孤立存在，而是相互紧密关联并呈层次关系，其中跨文化敏感力位于最基础层，处理文化差异的灵活性处于最高层，而跨文化意识则处于两者之间。换言之，只有当交际者对各种文化差异具备了敏感力的认识后，他们才能形成一种包容的文化态度，并对自身的交流产生浓厚的兴趣。在不同的跨文化情境中，他们会主动地调整自己的行为，从而提升跨文化意识，进而实现更高效的跨文化交际。由此可见，跨文化能力的培养是一个逐步递进的过程，从底层到高层。

（一）跨文化敏觉力

跨文化敏感确实在跨文化交流中扮演着关键角色。跨文化敏觉力被定义为个体在特定环境中或与异族人交往过程中所表现出的情感或情绪变化。这意味着在跨文化交际中，个体能够察觉并适应不同文化环境，表现出情感和情绪的灵活性。跨文化交流

① 许立捷，姚诗雨．跨文化背景下工学专业大学英语教学方式探析［J］．热固性树脂，2023，38（03）：84—85.

的情绪维度强调了交际者在交流前后可能产生并接受积极情感反应。这积极的情感反应有助于双方进入一种对不同文化的认同和接受的状态。这种积极的情感回应不仅促进了文化间的理解，也有助于建立互信和合作关系。因此，培养跨文化敏感性成为促进有效跨文化交流的重要途径之一。贝内特的观点进一步强调了跨文化敏感力的发展是一个不断演变的过程。他认为，个体可以在认知、情感和行为层面上经历从我族中心到我族相对的阶段转变。这意味着人们逐渐超越以自己文化为中心的观念，更能够理解和接受其他文化的多样性。这种发展过程对于促进文化多元性和互相尊重至关重要。综合而言，跨文化敏感性在跨文化交流中的作用不可忽视。它不仅关注情感和情绪的变化，还强调了在跨文化交际中培养积极的情感回应以促进对不同文化的认同和接受。这对于建立更加和谐、理解和尊重的国际关系有着积极的影响。

这六个方面展现了个体在跨文化敏感性发展中的不同阶段和转变过程：①对文化差异的否定：初始阶段可能是对文化差异的否定，个体可能对异文化的存在和影响产生抵触或拒绝的态度。②抵抗来自感知到的危险：在面对不熟悉的文化时，个体可能感知到一种威胁，试图捍卫自己的内心世界观，抵抗可能带来的不适和不安。③将不同点隐藏在相似点下：个体可能采用一种自我保护的机制，将不同点隐藏在相似点之下，以维护自己的世界观，避免与他人的差异直接对抗。④对不同文化的初步认识：随着时间推移，个体可能开始对不同文化和行为方式有了初步的认识，开始接触和理解异文化的一些基本特征。⑤逐渐形成多文化认同：个体逐渐形成对两种或两种以上文化的理解，并开始接纳和尊重这些文化的存在，形成一种多文化的认同。⑥将相对论应用于身份：在发展的更高阶段，个体可能将相对论应用于自身的身份，经验到身份的多样性和丰富性。这一阶段可能为个体带来更深层次的理解和快乐。这些阶段和转变强调了跨文化敏感性的发展是一个逐步演变的过程，个体逐渐超越对差异的否定，逐步理解和接纳不同文化，并最终在多元文化中找到身份认同。这个过程也反映了对文化差异的逐渐开放和接受的心智态度。

文化差异既存在于表面层面，也深藏在人们的思维和行动之中，因此，培养对文化深层次差异的敏感度至关重要。文化表面上的差异通常是明显的，人们在日常观察和交往中能够辨认出来。然而，文化深层的差异则更为隐蔽，涉及到人们的价值观、信仰、沟通方式等方面，需要更深入的观察和理解。例如，低情境和高情境交际差异，确实是文化深层次的差异之一，这涉及到人们对语境的敏感度和表达方式的选择。自觉地培养对文化深层次差异的敏感度需要建立在对两种文化进行深入比较的基础上。这包括对文化的历史、价值观、社会结构等方面进行系统性的了解。同时，通过实际经验和交流，积累与文化深层次差异相关的知识和经验也是至关重要的。在跨文化交流中，这种深层次的文化敏感性可以帮助个体更好地理解他人的思考方式、行为模式，从而提高交际的效果。这种敏感性不仅有助于避免误解和冲突，还能够促进文化之间的相互尊重和理解。

跨文化敏感力的丰富内涵确实涵盖了多个方面，其中包括了交际者的自信心、自适应能力、开明度、中立的态度和社交的从容。这些要素在面对全新异文化时，对交际者的成功与适应至关重要。跨文化敏感力是一个综合性的能力，需要在多个方面取得平衡。这种能力有助于交际者在跨文化环境中更加成功地实现有效的交流和互动。

开明度在跨文化交际中扮演着关键的角色，涵盖了对多元文化的理解、尊重以及对于不同文化观念和行为的包容态度。开明的跨文化交际者应当拥有多元文化心态，即能够理解并接受与自己文化不同的生活方式、价值观和行为习惯。这种心态使得交际者能够超越单一的文化视角，更好地理解和尊重其他文化。开明度要求交际者不以自己的文化标准来衡量和评价他人的交际行为。相反，应该采取一种相对中立的立场，理解并接受不同文化背景下的差异。在交流中，开明的跨文化交际者有能力对他人难以理解或难以被接受的言行进行适当的诠释。同时，也懂得在交流中聆听他人的诠释，以促进更深层次的理解和沟通。具有多元文化心态的人能够以不同的方式表达相同的理念，因为他们能够理解并尊重不同文化中的交流方式和表达方式。这样的开放心态使得沟通更加灵活和有效。开明度体现为相互确认和对彼此文化认同的承认。这意味着交际者能够互相确认对方的观点和文化特征，而不是将其视为对自己文化的挑战或威胁。开明度是建立在尊重、理解和包容的基础之上的，它为跨文化交际提供了一种积极的心态和方法，促使人们在多元文化的环境中更好地互动和合作。

自我适应能力在跨文化交际中确实是一项关键的技能。这种能力使得交际者能够灵活调整自己的行为和沟通方式，以适应不同的文化环境，从而更有效地实现交流目标。具有较高自我适应能力的交际者通常表现出以下特征：他们对周围环境的变化和对方的行为更加敏感。这种敏感性使得他们能够快速感知到文化差异，及时做出反应。具备较高自我适应能力的交际者能够快速有效地获取交流中的有用信息。这种信息获取能力使得他们能够更好地理解对方的意图和文化背景。面对交流中的变化，他们能够迅速、灵活地调整自己的行为。这种灵活性使得他们能够适应不同的沟通方式和文化期望。具有自我适应能力的交际者通常更注重完成交际任务和实现交际目的。他们能够有效地调整策略，以更好地达成共同的交际目标。他们对文化差异的敏感度较高，能够更好地理解和尊重其他文化，而不将自己的文化标准强加于人。总体而言，自我适应能力是一种促使跨文化交际成功的关键要素。这种能力使得交际者能够更好地适应复杂的文化环境，提高跨文化交际的效果和效率。

中立的态度在跨文化交流中尤为重要，它需要人们具备开放的心态，愿意接纳不同文化的观点和价值观。这样的中立态度有助于建立互信，减少文化间的误解和冲突。通过使用描述性语言而非评判性语言，人们可以更好地传达信息，避免给对方带来负面情绪。在跨文化对话中，肢体语言和非言语沟通也扮演着关键角色，因为它们可以弥补语言交流的不足，传递更丰富的信息。点头或用眼神传达理解和尊重，是一种非常有效的方式。而在需要提出自己观点或观念时，也要以尊重和敬意的态度表达，避免给人留下强加自己文化价值观的印象。总体来说，中立的态度是促成有效跨文化交流和理解的基础，它要求我们在交往中保持谦逊、开放和尊重，从而建立起真正意义上的双向沟通。

在跨文化交际中，保持冷静和镇定是至关重要的品质。面对不同文化的交际困境和压力，有一种沉着冷静的态度可以帮助人们更好地处理各种情境。心理品质的稳定性有助于克服交际中可能出现的焦虑和紧张感。这种冷静的心态使人们能够更好地应对挑战，不被困难所吓倒。在跨文化交际中，人们可能会遇到语言障碍、文化差异、误解等问题，但拥有良好的心理品质可以帮助克服这些问题，保持积极的交际氛围。此外，将交际难题看作是一种挑战而非威胁，有助于促使交际者利用之前的经验和学到的教训。从过去的交际经验中吸取教训，急中生智，是在跨文化环境中更好地适应和融入的关键。总体而言，镇定的心态和积极的态度有助于创造更轻松、顺畅的跨文化交际体验，促使交际者更好地理解和尊重不同文化，达到共融和共赢的目标。

跨文化敏感力是跨文化交际中非常重要的一项素质。这种敏感力使人能够更好地理解、尊重和适应不同文化的差异，从而更轻松地进行交际。适应性和自信心的提高是跨文化敏感力的一个自然体现。通过对不同文化的理解，人们能够更快速地适应新环境，而这种适应性使得他们在跨文化交际中更加自信，不容易被新环境带来的压力和挑战所影响。客观的态度对待文化冲突也是跨文化敏感力的表现之一。而这种客观态度有助于避免将自己的文化观念强加于他人，促使交际者更好地处理潜在的冲突。认真聆听并专注于对方的交际意图则是建立有效沟通的关键。通过深入理解对方的意图，人们能够更好地调整自己的表达方式，减少误解和冲突的发生。跨文化敏感力不仅有助于个体更好地融入新环境，也有助于建立更加和谐、开放的跨文化交际关系。这样的素质在全球化的今天变得尤为重要。

（二）跨文化认知能力

晓东在《跨文化交际理论》中提出的概念确实深刻而有启发性。跨文化意识作为一种认知过程，涉及到对自我、他人和文化规则的深刻理解，是跨文化交际能力的核心之一。自我意识念强调了交际者对自身文化身份的认识。理解自己作为特殊文化的一员，对于更好地适应和理解其他文化是至关重要的。这种自我意识使得交际者能够审视自己的价值观、信仰和文化偏好，从而更好地与其他文化进行对话。文化意识涉及对影响思维和交流的文化规则的认识。理解文化规约有助于避免误解和冲突，促使交际者更灵活地运用不同文化的语境和规则进行交际。跨文化意识将自我意识和文化意识结合起来，形成一种深刻认识。这种跨文化意识要求交际者能够在认识到对方文化特征的基础上，调整自己的语言和思维方式。这种调整并不是简单的适应，而是一种自觉性的、深层次的变化。跨文化意识的形成意味着交际者完成了从单一文化认同身份到多元文化认同身份的转变。这种意识使他们能够站在第三文化的角度审视世界，更好地适应多元文化的环境，从而在跨文化交际中取得更好的效果。这对于处理文化冲突、提高交际效果以及促进文化融合都具有重要价值。

语言是信息传递的主要工具，而在跨文化交际中，语言的差异可能导致误解和沟通障碍。理解对方的语言，包括语法、词汇和语境，是建立有效沟通的基础。语言交际不仅仅是词语的传递，还涉及到文化中的隐含意义、礼貌用语等，因此，语言能力的高低对于跨文化交际至关重要。而非语言交际则在补充和丰富语言交际的过程中发挥着重要作用。身体语言、面部表情、眼神交流等非语言元素传递着大量的文化信息。这些信息对于理解对方的感情状态、态度和文化背景至关重要。非语言交际还包括空间关系、时间观念等方面，这些也是文化差异的表现。在跨文化交际中，语言交际和非语言交际相互协调，互为补充。当语言交际存在困难或误解时，非语言元素可以起到纠正和辅助的作用。同时，非语言交际也可以为语言交际提供更为细致和丰富的信息，帮助交际者更全面地理解对方的意图和情感。跨文化交际需要交际者具备对语言和非语言交际的敏感性和理解力，以实现更为有效和顺畅的沟通。这种综合性的能力有助于克服文化差异所带来的挑战，促使跨文化交际更加成功。

（三）跨文化行为能力

在跨文化交际中，第三个基本要素是跨文化行为能力，也即被称为“灵巧性”。这一概念强调了交际者在实施跨文化交际行为并达到交际目的时所需要具备的技能和能力。戴晓东认为，跨文化交际中的“灵巧性”是指交际双方能够灵活运用语言与非语言的信息传递和自我表露，展现出高效的互动管理和社会技能，以实现交流目标。在这个过程中，交际者通过灵巧地使用交流技能，能够超越语言和文化的限制，顺利地达成交流目标。

信息传播的技巧，指的是在交际者掌握语言和文化知识的基础上，运用适当的交际策略和技巧，以巧妙地将交际对象能够理解的信息传递出去的能力。这要求交际者不仅需要具备娴熟的语言功底，还需要深厚的双文化底蕴，并在过去的交际经验中培养出良好的信息传达技巧。这样的能力提出了更高的要求，旨在尽量避免因信息误读和文化误解而产生的交际障碍，确保交际的顺利进行。个体的自我表达能力与信息传递能力紧密相关。自我表露指的是在特定的跨文化交际场合中，以适当的形式展示自己的真实意图和自我形态的行为。这种表露在导向上有很强的作用，与在一般朋友或亲戚之间的随意表露有所不同。因此，在进行自我表露时，需要谨慎而恰当地表达，使其显得贴切自然，避免过于做作。同时，考虑对方的文化背景和语言水平也至关重要，以免引起对方的忽视、厌恶，甚至产生对交际者不利的刻板印象。在语言交际中，个体的自我表达和信息传递的准确性和适当性对于交际的有效性产生重要影响。适当的自我表达和准确的信息传递是交际双方在交际中灵活运用的关键。

交际行为的灵活性确实是交际者在不同环境下应对变化、处理交际事件的重要能力。这一灵活性反映了对交际策略的迅速而准确的选择，同时也体现了交际者敏锐的观察和行动反应的能力。交际者需要在不同的交际环境中灵活应对，考虑到交际对象、时间、地点等因素的变化。这种适应能力使得交际更具效果，能够更好地与不同背景的人进行互动。高水平的交际者能够迅速、精准地选择适当的交际策略。这可能包括语言的选择、交流方式的调整，以及在不同情境下的应对能力。交际者的敏感度和观察力在交际行为中发挥着关键作用。能够敏锐地察觉到对方的身份、情感状态和需要，并据此调整自己的交际方式，有助于建立更良好的互动关系。

互动的管理指的是交际者在交际中对交互局势的掌控和控制，包括对交际节奏、说话顺序和谈话话题进行适当的调控。在交际过程中，交际者需恰当地开始和结束对话，有能力掌握会话结构，合理地设计和转换会话主题。具备良好的互动管理能力的交际者能够有效地调动每个交际对象，根据交际者自身和其他人的需求，巧妙地引导对话的进行，避免过于干扰他人，注重认真倾听，最终达到交际者的意图和目的。

社交技能包括两个关键层次，即移情和身份的维护。首次提出的“移情”概念可以追溯到1873年，由德国学者罗伯特·费肖尔在《视觉形象感》一书中提出。语言学家库诺将“移情”引入语言学，并进一步应用于跨文化交际研究。在跨文化交际中，移情指的是交际者在交流过程中主动超越自身国家的文化限制，站在对方文化的角度去理解和体验，以实现对另一种文化的深刻理解。移情作为联系文化与情感的纽带，成为实现跨文化交际的重要手段。移情在跨文化交流中体现为两种形式：从发话者的视角去理解对方的交际意图站在彼此的立场上，尊重对方的文化背景、习俗和价值观这个过程包括“认同差异－认知自己－调整自己－准备移情－接受他人”，通过这一过程，可以克服“民族中心主义”，提高“他人需要”和“跨文化敏感力”。文化移情能力则强调在跨文化交际中是否能够跳出自身文化的思维定势，以确保交际的顺利进行。它需要适应时代发展的需求，具备开放的文化价值观念。在跨文化交际中，移情有助于更好地理解和沟通，但同时也要注意对个体身份的保护。认同的维护需要注意保护自身个性与国家认同，同时关注他人的认同。出色的跨文化交际者能够迅速而有效地判断对方的身份，对其进行有效的维护，并准确地定位和维持自己在交际场合中的身份。

三、跨文化交际能力培养的途径

跨文化交际能力的培养确实是一个逐步递进的过程，涉及多个层面和技能的培养。每个层面都对整体的跨文化交际能力起到关键的作用，而且它们之间确实存在相互融合、相辅相成的关系。跨文化敏觉力的培养是培养跨文化交际能力的起点。通过对其他国家语言与文化的交流与理解，交际者逐渐增强语言功底，丰富文化底蕴，克服困难，培养文化敏感。这为后续深入认识语言与文化奠定基础。语言与文化的深入认识强调对其他国家语言及其背后隐藏的文化与价值的深入了解。通过认识到不同文化的特点，交际者能够采取不同策略进行交流。这有助于形成更全面的跨文化视角。跨文化交际实践行为的训练需要交际者运用所学知识，主动进行跨文化交际，灵活应对文化冲突和各种意外情况。实际的跨文化交际训练是将理论知识转化为实际技能的过程。这三个层次之间确实存在递进关系，每一步的学习和实践都为下一步的发展提供了基础。同时，它们之间也相互融合，相辅相成。一个综合性的跨文化交际者应该具备这些层面的能力，使得在实际情境中能够更加自如地进行跨文化交际。

（一）培养跨文化敏觉力

刻板印象和民族中心主义都可能导致交际者对其他文化产生偏见，从而影响交流和理解，克服这些障碍的方法也很实际。刻板印象是一个根深蒂固的问题，但意识到它的存在是克服的第一步。老师在文化课中的角色确实至关重要，引导学生意识到个体之间的差异，并提醒他们在共同文化理念下存在着个体的多样性。通过丰富的案例和实例，可以帮助学生打破对其他文化的成见。民族中心主义倾向确实普遍存在，因为每个人都是在特定文化背景中成长的。意识到这一点是关键，而跨文化教育和培训可以在一定程度上帮助人们超越这种中心主义。理解其他文化的背景、历史和价值观对于打破民族中心主义是至关重要的。同时，鼓励人们以更开放、相对的角度看待不同文化，帮助他们逐渐摒弃过于主观的价值观。在实际实践中，与不同文化的人建立直接的沟通和交流也是非常重要的，因为亲身经历可以打破一些先入为主的观念。继续强调跨文化教育和培训，以及推动更加全球化和开放的视野，都可以有助于逐步减轻这些障碍。

文化对比确实是一种非常有益的方法，可以帮助学生打破陈旧观念和民族中心主义。通过在课堂上进行文化比较教学，交际者（包括老师和学生）有机会拓宽视野、增进理解，并在不同文化间建立更为平等的认知。对于老师来说，了解其他国家文化并选择代表性文本进行说明是至关重要的。这不仅能够帮助学生更好地理解文本中的语言和非语言信息，还能激发他们对文化差异的兴趣。通过实际的例子，学生可以更直观地感受到不同文化之间的差异，从而更好地应对跨文化交际中可能遇到的挑战。例如，对“狗”的不同文化含义进行了很好的比较。这种比较不仅有助于学生理解语言的文化背景，还能启发他们对于文化差异的敏感性。这样的教学方法确实能够培养学生的跨文化意识，使他们更加灵活和敏感地应对不同文化背景下的交际挑战。

交际参与度的确是一个很好的指示变量，它反映了个体在跨文化交际中的积极程度和深度。提高跨文化交际能力需要学生深度参与各种跨文化活动，通过实践感受文化差异，逐渐培养跨文化敏感度。在课堂上采用比较教学方法以及鼓励学生参与跨文化交际活动的方式是非常实用的。设计与中国文化差异较大的文化模型，并让学生通过表演等方式体验这些差异，是一种很生动的教学手段。通过这样的实践，学生可以更深刻地理解不同文化之间的差异，同时也能够培养出更加开明的交际态度。此外，参与国际会议、论坛，以及跨文化聚会，也是提高交际者跨文化敏感度的有效途径。这样的实践机会有助于学生在真实场景中应对不同文化背景的人际交往，从而提高其交际能力。

在培养跨文化交际能力的过程中，文化对比教学和文化拓展讲解法是非常重要的教学手段。通过这些方式，学生能够更深入地理解和体验不同文化之间的差异，同时也能够超越刻板印象和民族中心主义的障碍。给学生提供跨文化交际的实践机会更是关键。只有在真实的交际情境中，学生才能够将所学的知识和技能应用到实际中，培养起更强的应对能力和自信心。这也是跨文化交际能力培养的最终目标，使学生能够在各种复杂情况下自如地进行跨文化交流，达成交际目的。老师在课堂上的引导和指导起到了至关重要的作用，通过有意识地开展文化对比教学和提供实践机会，老师可以帮助学生更好地理解和运用跨文化交际的知识和技能。这也是一项富有挑战性但非常有意义的教育工作。

（二）培养跨文化认知能力

跨文化认知是跨文化交际中至关重要的一环。语言和文化的紧密联系使得语言交际成为文化交际的一种表现形式。了解目的国语言不仅仅是为了实现信息传递，更是为了更好地理解和尊重目的国的文化。在培养跨文化认知能力的过程中，确实需要强调语言功夫的培养。除了语言的基础知识外，了解语言背后的文化也是非常重要的。语言不仅是一种沟通工具，还是一种文化的表达方式。因此，在语言教学中融入文化元素，让学生从语言学习中逐步认识到不同文化之间的异同，是非常有益的。同时，恰当的措辞、句式表达和选题都是语言交际中的关键因素。这些方面的恰当运用能够使交际更为顺畅，也更容易让文化信息传达到对方。跨文化交际中，这种灵活运用语言技巧的能力对于建立和维护有效的沟通关系至关重要。总的来说，语言和文化是相辅相成的，而培养跨文化认知能力则需要综合考虑语言功夫和文化知识的提升，以更好地适应和理解跨文化交际的复杂性。

词汇是语言学习的重要组成部分，同时也是跨文化交际中的关键要素。每个词汇都蕴含着丰富的文化信息，通过词汇的学习，学生可以更深入地了解目标语言所代表的文化。在词汇教学中融入跨文化交际的知识是非常明智的做法。通过成语、典故、名句等文化元素，不仅能够让学生更好地理解词汇的用法，还能够启发他们对文化背后深层次含义的思考。在汉语进阶课程中介绍成语，如“有难同当，有福同享”等，是一个非常生动且有效的方法。通过这样的教学手段，学生不仅仅是在学习词汇，更是在感受和理解不同文化的独特之处。这种跨文化的引导和启发有助于学生建立起更为深厚的跨文化认知，为将来的跨文化交际打下坚实基础。语言教学不仅仅是技能的传授，更是文化认知的培养。通过生动有趣的文化元素，我们可以让学习者更主动、更深刻地融入到语言学习中。

语言的使用不仅仅是关于词汇的选择，还包括了句式、语法结构、语体风格等方面的因素。在不同的文化中，相同的句子可能因为语体风格、语气的不同而产生不同的效果，因此在跨文化交际中，对句子的使用需要更为灵活和敏感。教师在课堂上进行句子教学时，不仅要注重语法结构和句式的解释，还要强调其在不同文化背景下的合适运用。解释何时使用请求语气、何时使用命令语气等，都是非常实用的信息。这些语气的使用与不同身份的交际对象有关，因此，学生需要了解在特定的文化情境下，何种语气更为得体，以避免潜在的文化冲突。此外，对于交际的上下文也是影响句子使用的重要因素。在某些文化中，强调礼貌、委婉的表达方式可能更受欢迎，而在另一些文化中，直接、明确的表达可能更为重要。因此，帮助学生理解这些差异，提高他们的跨文化语用能力同样至关重要。通过教学中的实例分析和跨文化情境模拟，可以让学生更好地理解句子使用的文化背景，增强他们在实际交际中的适应性。

语法和句子的通顺性在跨文化交际中同样至关重要。尤其是在学习英语这样的国际语言时，学生需要超越母语思维，理解语法和表达方式的文化差异。正确理解和运用疑问句和祈使句的使用差异是一个很好的例子。这种差异反映了不同文化中对于礼貌和表达方式的不同看法。在西方文化中，使用疑问句来表达请求是一种委婉而客气的方式，而在一些其他文化中，使用祈使句可能更显得直接和坦率。在教学中，强调这些细微差异，教导学生在适当的情境下使用合适的语言形式，有助于提高他们的跨文化语言能力。此外，话题的选择和转换也是非常重要的方面。不同文化之间可能存在一些敏感话题，或者在某些场合下，特定的话题可能更受欢迎。通过设置具体的教学情景和模拟真实的跨文化对话，可以帮助学生更好地理解如何选择和转换话题，以确保交流的顺利进行。在教学中引入实际的教学视频和情景模拟是非常有益的，因为它能够提供真实的语境，让学生更好地理解文化差异，同时培养他们在实际交际中的应变能力。

跨文化教育的目标之一就是让学生超越对彼此的偏见和歧视，以开放和包容的态度看待不同的文化。通过在语言学习的各个技能中引入跨文化元素，不仅可以提高学生对其他国家文化的认识，还能帮助他们更好地理解语言背后的文化含义。例如，在听说读写的各种技能训练中，通过国外材料了解其他国家的科技、地理、历史、风俗等方面，有助于打破对其他文化的误解。特别是通过外语听力教学，学生可以更深入地了解不同国家的文化。语言活动也是一个很好的途径，通过参与外语角、学唱外语歌、观看外语影视、表演外语戏剧等，学生可以亲身感受异域文化，培养对外语文化的兴趣和理解。通过这些活动，学生还有机会积极地与世界各地的人交流，建立跨文化的友谊。在旅游活动中创造跨文化交流的机会也是非常有效的。亲身体验不同国家的文化，了解当地的风土人情，是培养跨文化意识的重要途径。这种经历可以让学生更深刻地理解文化差异，从而更好地适应不同的文化环境。最终，设身处地为他人着想，以及老师在分析自身文化和目的语文化中的有利和不利因素时的意识调整，确实是非常关键的。这种心态和意识对于成功的跨文化交际至关重要。

（三）培养跨文化行为能力

跨文化敏觉力、跨文化认知能力和跨文化行为能力之间确实是相互交织、互相支持的。它们三者形成了一个相互促进、相互加强的培养体系。跨文化敏觉力的培养使交际者更加敏感于不同文化的差异，这包括语言、价值观、行为规范等方面。通过对文化差异的认知，交际者能够更好地理解其他文化，避免误解和文化冲突。这为跨文化认知能力的培养奠定了基础。跨文化认知能力则更深层次地涉及对其他文化背后的价值观、信仰、社会结构等方面的理解。这种能力使交际者能够超越表面的文化现象，更全面地洞察和理解不同文化的本质。同时，跨文化认知能力的提升也促进了跨文化敏感度的加强。而跨文化行为能力则是将敏感度和认知能力转化为实际的行动，使交际者能够在实际交往中灵活运用所学，避免冲突，建立良好的跨文化关系。这包括了在语言表达、非语言交际、社交礼仪等方面的技能。因此，这三个方面的培养确实需要相互协同，形成一个系统化的培养计划。通过在实际情境中的训练和实践，交际者能够逐步提高他们的跨文化行为能力，从而实现在不同文化环境中的成功交际。

跨文化行为能力是跨文化交际的核心要素，强调交际者能够根据自身文化和性格，灵活调整交际策略，向对方的交际规则靠拢，以缩小文化距离，创造和谐的交际氛围。在面对文化冲突时，交际者需要灵活应对，使用适当的语言澄清文化困惑，介绍本国文化准则，明确对方文化风俗，以达成一致，顺利完成交际任务。美国学者陈国明指出，跨文化交际能力包括信息传达技巧、自我表露技巧、行为的灵活性、互动管理以及认同维护技巧等五个要素。通过分阶段、分层次的教学，教师能够最有效地提高学生的跨文化交际能力。

1. 跨文化交际角色扮演

通过角色扮演，学生能够更深入地理解和体验跨文化交际的复杂性。两人组角色扮演以及多人组角色扮演都提供了实际情境，使学生在模拟中学会适应和调整自己的交际策略。这种方式不仅激发了学生的参与度，而且使他们能够在相对安全的环境中犯错并学习改进。通过逐步增加文化国家的复杂性，教师巧妙地引导学生提高他们的跨文化行为能力。角色扮演也为学生提供了实践的机会，让他们在解决问题和克服文化差异方面变得更加灵活。这种教学方法不仅强调了理论知识的传授，更重要的是培养了学生的实际操作能力。跨文化交际的实际体验能够让学生更深刻地理解文化之间的差异，使他们在真实情境中更加自信地运用所学知识。

2. 跨文化交际互动实践

通过实地的跨文化交际实习，学生能够亲身经历和应对真实情境中的文化差异，从而更深刻地理解和掌握跨文化交际的技能。这种实践方法是非常切实可行的，因为它提供了一个模拟真实情境的机会，使学生在实际交际中学到的技能更具体、更实用。观察学生在交际中的困惑和问题，以及他们解决问题时的表现，能够帮助教师更好地了解学生在跨文化交际中面临的挑战。通过交际行为的拍摄和回放，学生可以直观地看到自己的表现，有助于他们认识到交际中的一些失误并加以改进。这种实时反馈对于学习过程的调整非常有益。互动实践的优点在于提供了更真实、更丰富的异国文化信息，因为来自异国的交际者比本国角色扮演者更能真实还原当地文化。这样的实践不仅提高了学生的跨文化交际能力，还让他们更好地适应异国文化，促使他们更灵活地应对各种交际挑战。

通过参与国际性的会议和跨国活动，学生可以亲身体验不同文化间的交际，这是一种非常有效的学习方式。这不仅可以提高学生的跨文化交际能力，还能够增强他们的国际视野和全球竞争力。在这种活动中，学生将面对真实的国际交际场景，不仅要运用语言技能，还需要灵活应对不同文化背景下的沟通方式、价值观念等方面的差异。这样的经历将对他们未来的职业和生活产生深远的影响。教师和学校在此过程中的支持和鼓励非常重要，可以通过提供信息、组织相关活动以及为学生提供指导和培训，帮助他们更好地适应和融入跨文化交际的环境。这种全方位的支持能够为学生创造更多学习和成长的机会。

在课程中加入文化元素，使学生了解不同文化的历史、价值观、社会习惯等，从而建立对文化差异的基本认识。通过模拟真实的跨文化场景，让学生在虚拟环境中实践交际技能，学习如何灵活应对文化差异。提供实地实习机会，让学生亲身体验不同文化环境，加深对文化差异的理解，并在实际中应用跨文化交际技能。针对跨文化交际的具体技能，如跨文化谈判、文化冲突解决等，开设专门的课程进行深入教学。

第四节　跨文化交际学

跨文化交际的复杂性和重要性不可忽视。每个文化都是独特而宝贵的，理解和尊重这些差异是建立良好跨文化关系的关键。为参与者提供对不同文化的基本了解和培训。这包括文化历史、价值观、社会结构等方面的知识。通过增加文化敏感性，人们更容易理解和接受不同文化的存在。语言是文化的一部分，通过学习对方的语言，可以更深入地理解其文化。语言学习不仅仅是词汇和语法，还包括语境和文化内涵。提供实际的跨文化培训，包括模拟跨文化交际场景，角色扮演，以及解决文化冲突的实际案例。这种培训有助于提高人们的实际交际技能。创建平台和机会，使人们能够直接互动并分享各自的文化。这可以通过文化交流活动、合作项目、国际会议等来实现。强调在跨文化交际中的灵活性和包容性。人们需要能够适应不同的文化规范，同时保持对自己文化的认同。强调相互尊重和平等，避免对其他文化的刻板印象和偏见。尊重是建立跨文化关系的基石。通过综合考虑这些因素，我们可以建立一个有助于促进跨文化交际的框架，使人们更好地理解和沟通，实现文化的共融而不是冲突。

一、跨文化交际学的兴起

跨文化交际涉及到不同文化背景的人们之间的相互沟通和理解。语言作为主要的交际手段在其中扮演着关键的角色，但非语言符号同样至关重要。非语言符号包括肢体语言、面部表情、眼神交流、姿势等，它们在交际中传递着丰富的信息。举例而言，不同文化可能对于眼神交流有着不同的理解。在一些文化中，直视对方的眼睛可能被视为自信或尊重的表现，而在另一些文化中，可能被解读为傲慢或无礼。因此，了解这些非语言符号的文化差异对于避免误解和建立有效的跨文化交际至关重要。此外，文化背景还会影响到语言的使用和理解。同样的词语在不同文化中可能有不同的涵义，语境的理解也可能因文化差异而有所不同。因此，跨文化交际的成功需要人们对语言和非语言符号的敏感性，以及对文化差异的认知和尊重。通过培养这些能力，人们可以更好地理解他人，减少误解，建立更加和谐的跨文化关系。

跨文化交际学在20世纪中叶确实经历了一段关键的发展时期。第二次世界大战后，国际关系的复杂性促使人们更加关注不同文化之间的交往和理解。这期间，一些关键的事件和组织的成立推动了跨文化交际学的形成。在二战后，美国参与了国际事务，需要处理与不同国家和文化的关系。这促使了对跨文化交际的深入研究，以更好地应对国际事务中的文化差异。《无声的语言》一书的出版确实为跨文化交际学的发展做出了贡献。作者爱德华·T·豪尔（Edward T. Hall）是跨文化交际学的奠基人之一，他的研究对理解文化之间的沟通障碍和差异起到了重要作用。这本书强调了非语言交流的重要性，以及文化因素对人们行为和交际方式的影响。这一时期的研究为跨文化交际学奠定了基础，也为后来的学者提供了丰富的研究素材。跨文化交际学逐渐发展成为一个独立的学科，深入研究不同文化之间的交往模式、沟通方式以及相互理解的难题。

霍尔的贡献确实在跨文化交际领域中产生了深远的影响。他的文化划分理论为人们更深入地理解文化差异提供了重要的框架，强调了文化存在的两个层次，即公开的文化和隐蔽的文化。这个理论有助于揭示文化差异的深层次原因，使人们能够更全面地理解不同文化之间的交际障碍。霍尔关于文化存在于两个层次的观点强调了不同文化之间的多样性，以及在表面文化之下存在着更为深刻、隐蔽的文化差异。这种理论为解决跨文化交际中的问题提供了重要的洞察力。通过揭示隐蔽文化，人们能够更好地理解他人的价值观、信仰和行为模式，从而更好地适应和理解不同文化环境。霍尔的观点在解释文化冲突和提倡文化理解方面具有实际应用的意义。通过认识到文化存在于不同层次，人们可以更有针对性地进行跨文化培训，提高交际者的文化敏感性和适应性。霍尔的文化划分理论为跨文化交际学的发展提供了理论基础，也为人们更好地理解和处理不同文化之间的交际问题提供了重要的思考框架。

二战后的全球变革促使美国人在国际舞台上扮演更为重要的角色。这一时期，美国面临着需要更好理解和适应其他国家文化的挑战。军事、外交、商业等领域的交往，使得美国与其他国家之间的跨文化交际变得日益频繁而紧密。在这一背景下，跨文化交际理论迅速崛起。这个理论的目标是帮助美国人更好地适应和理解其他文化，提高在不同文化环境中工作和生活的效率。军队和外交官员等在国际事务中的角色变得越来越重要，他们需要具备更强的跨文化交际能力，以解决与其他国家人员的合作中可能出现的问题。跨文化交际理论的兴起也反映了对于文化差异和沟通障碍的认识的增强。通过系统研究和总结，这一理论为培训提供了框架，帮助美国人更好地适应多元文化的国际环境。在这个过程中，不仅学者们提出了相关的理论概念，还实际开展了培训和研究工作，为美国的跨文化交际能力提升提供了实质性的支持。

在20世纪60年代和70年代，跨文化交际研究进入了一个关键时期，涌现了一系列具有深远影响的学术著作，这些著作为跨文化交际学的发展奠定了基础。奥利弗的《文化与交际》和史密斯的《交际与文化》是这一时期的代表性著作，它们突出了文化与交际的紧密关系，强调了理解文化对于有效交际的重要性。这标志着跨文化交际研究开始注重从文化角度来探讨和解释交际现象。20世纪70年代是跨文化交际研究的关键时期，研究者们不仅致力于深入挖掘文化和交际之间的联系，还努力使跨文化交际研究成为一个独立而完整的学科。这一时期，研究者们开始着眼于拓展研究方法，包括实地调查、实验研究和案例分析等，以更全面地理解和解释跨文化交际现象。整个时期的发展为跨文化交际学的独立性和学科地位的确立奠定了基础。逐渐形成的理论框架和方法论使得跨文化交际学能够更好地回应社会的多元化和国际化趋势。

（1）在20世纪70年代初期，跨文化交际研究逐渐形成独立的研究领域，出现了一些独立的研究团体。美国“言语交际协会”设立了“国际交际与跨文化交际问题委员会”，而“国际传播协会”也成立了“跨文化交际部门”作为其下的一个分会。这标志着跨文化交际开始在学术组织中获得更为独立和专业的地位。

（2）为了促进跨文化交际研究的发展，学术界建立了专业学报。在1974年，第一卷《国际与跨文化交际年刊》问世，为学者们提供了一个交流研究成果的平台。此外，在1977年，《跨文化关系国际杂志》等一些学术期刊也开始刊载有关跨文化交际的研究文章，为学术交流提供了更多的机会。

（3）70年代是跨文化交际学取得显著进展的时期，有较多的学术成果得到发表。出现了十余种关于跨文化交际的教材和参考书，其中由阿森特等人编辑出版的《跨文化交际学指南》成为该领域的重要著作，为学生和研究者提供了系统的跨文化交际知识。这些学术成果的出现丰富了跨文化交际研究的理论体系和实践经验。

（4）在20世纪70年代，大学中开始广泛开设跨文化交际课程。据美国跨文化教育、培训与研究协会的调查，仅在1977年，美国就有超过450所学校提供了跨文化交际的课程。一些高校还设立了跨文化交际的硕士和博士学位，为深入研究和培养专业人才提供了平台。

（5）跨文化交际研究在学术领域的发展得到了一些出版社的支持。一些专门出版跨文化交际方面的书籍的出版社，如国际出版社公司、赛格出版社等，为学者们提供了发布研究成果的渠道，促进了跨文化交际领域的知识传播。

（6）跨文化交际的研究在全球范围内引起了学者的高度关注。欧美等国家的学者积极投入到跨文化交际的研究中，形成了一股新的研究潮流。这种潮流不仅丰富了学科体系，也吸引了许多人投身于这一新兴领域，使得跨文化交际成为当时学术界的热门话题。

20世纪70年代中叶，第三世界国家在国际舞台上发起了关于“世界信息和交际新秩序”的辩论，持续了20多年。这场辩论主要由以不结盟国家为主的第三世界国家向包括联合国在内的国际机构提出，旨在重新定义信息和交际的全球秩序，使其更加平等和公正。

在20世纪80年代，跨文化交际研究在美国和全球范围内得到了大量关注。美国从20世纪60年代开始在高校开设跨文化交际课程，到70年代末期，逐渐扩大到200多所学校，涉及各个专业领域。截至1979年，美国各大学基本都开设了“跨文化交际”这门学科。80年代初期，美国大学对跨文化交际领域进行了深入研究，进一步加强了对这一学科的关注和投入。

在20世纪80年代以后，欧洲也出现了一些专门从事跨文化交际研究的组织，如荷兰的跨文化合作学会、法国巴黎的跨文化管理学会等。这表明跨文化交际研究逐渐在国际范围内形成了一个独立而活跃的学术领域。

在20世纪90年代，美国的跨文化交际研究逐渐由国内问题转向国际问题，开始关注美国与东亚民族，尤其是中国民族之间的交流。这时期，中国内地也引进了跨文化交际的研究，早在上个世纪80年代就开始涉足。何道宽的《介绍一门新兴学科—跨文化交际》和胡文仲的《不同文化之间的交际与外语教学》是早期的关键著作。此外，胡文仲主编的《跨文化交际与英语学习》以及霍尔的《无声的语言》、《超越文化》等著作也被翻译成中文出版。在中国，胡文仲先生在1990年和1994年分别编辑了国外著名学者和国内学者的论文集，推动了跨文化交际学的研究和推广。他的报道和努力不仅在中国推动了跨文化交际学的发展，还对我国的语言文化研究起到了积极的推动作用。

跨文化交际研究在过去的二三十年间在国内得到了很好的发展。这一领域的学者们从不同的视角进行研究，探讨了跨文化交际的各个方面。这种多角度的研究有助于更全面地理解和应对不同文化之间的交流挑战。这些国内的跨文化研究学者为拓展我们对跨文化交际的认知，促进文化间的理解和合作，以及培养具有跨文化敏感性的专业人才做出了重要贡献。这一领域的发展也反映了社会的多元化和全球化趋势，使得跨文化交际能力变得愈发重要。

二、跨文化交际学的研究范畴

深入探讨跨文化交际中的冲突和问题是非常重要的。首先，考察所处的区域可以帮助我们了解不同文化背景之间的差异，包括语言、价值观念、习惯等方面的差异。这有助于更好地理解对方的文化背景，减少误解和冲突的可能性。其次，关注所处的时间和空间也很关键。文化在不同的时空背景下会发生变化，而这种变化可能影响到人们的交际方式和习惯。考虑时间和空间因素有助于我们更好地理解文化的动态性和多样性。除了区域、时间和空间，还可以从沟通方式、非语言交流、文化认知等角度深入研究，以更全面地把握跨文化交际的复杂性。这样的研究可以为人们提供更实用的指导，帮助他们在跨文化环境中更加成功地进行交际。

跨文化交际的确是一个广泛而丰富的学科领域，不同的划分角度为我们理解这一学科提供了多个维度。言语交际和非言语交际的划分展示了在信息传递中语言和非语言元素的重要性。而从人类活动的角度来看，对于各种文化中人际关系的研究能够深入挖掘文化在亲情、师生关系、友情等方面的差异，帮助人们更好地适应不同文化环境。另外，关注语用规律也是非常重要的，因为这涉及到不同文化中的交际方式、礼仪和表达方式的异同。通过对这些方面的研究，我们可以更好地理解在不同文化中如何有效地进行沟通，避免误解和冲突。现代社会中，由于全球化和多元文化的交融，跨文化交际变得尤为重要。对于如何在现代社会中进行跨文化交际的研究，可以为人们提供实用的指导，帮助他们更加成功地处理跨文化的交往。

三、跨文化交际学的发展及相关学科

（一）跨文化交际学的发展

跨文化交际学的确是一门丰富而深刻的学科，既有着现代全球化时代的面貌，也蕴含着古老而悠久的历史。玄奘西游和郑和航海的例子很好地展示了跨文化交际在古代的实践。玄奘的西游是中国与印度之间文化交际的一次重要事件，不仅带来佛教经典，也促成了两国文化的交流。这一历史事件对于中印两国的文化、思想传播产生了深远的影响。而郑和航海则在中国与东南亚、北非等地建立了联系，为海上丝绸之路的形成做出了巨大的贡献，也推动了跨文化的交往和互通。这些历史事件不仅反映了人类对于跨文化交际的渴望和实践，同时也为今天的跨文化交际学提供了丰富的历史积淀。通过对这些历史事件的研究，我们可以更好地理解跨文化交际的演变过程，为现代的跨文化交际提供深刻的历史启示。

美国的跨文化交际研究确实是在其多元文化的社会背景下应运而生的，而且在这个领域的发展上取得了显著的成就。移民的多样性、国际交往的频繁以及文化的交融使得美国成为一个跨文化交际的重要研究对象。爱德华·霍尔、罗伯特·奥利、A. 史密斯等学者的贡献对跨文化交际研究的发展起到了开创性的作用。他们从不同的角度探讨了文化与交际之间的关系，提出了一系列有关跨文化交际的理论，为这一学科的形成奠定了基础。美国在高校开设跨文化交际学方面的课程以及设立相应的研究机构也表明了对这一领域的重视。超过 130 所高校的跨文化交际专业的设立和发展，反映了对培养具有跨文化交际能力的专业人才的需求。跨文化交际学作为一个交叉学科，涵盖了多个领域，这种跨学科的研究方式有助于更全面、深入地理解和解决跨文化交际中的问题。在当今全球化的背景下，这一领域的研究对促进文化理解、减少误解和冲突具有重要意义。

（二）跨文化交际与人类学

跨文化交际学的发展确实是在人类学、社会学、心理学等领域的基础上逐渐形成的。人们在追求对不同文化的理解时，关注到了人类在跨文化交际中所扮演的角色，这也为跨文化交际学提供了丰富的研究素材和理论支持。人类学在跨文化交际中的作用尤为明显，它关注各种文化现象的共性和差异，帮助我们更好地理解人类社会的多样性。跨文化交际学与人类学的结合，不仅使研究更加全面，也为培养具有跨文化交际能力的专业人才提供了更为丰富的理论基础。在现代社会，跨文化交际的挑战涉及到更广泛的层面，包括不同阶层、职业、性别、年龄等因素。因此，个人的职业生涯、组织协调能力、沟通管理能力以及社交能力等都成为了培养跨文化交际能力不可或缺的要素。这也凸显了跨文化交际不仅是一门学科，更是一项复杂而综合的能力。

性别、个体特征以及不同文化之间的交流差异都是跨文化交际学中非常关键的方面。性别、年龄、职业等因素都会影响人们的交际方式和习惯，而这些差异往往在不同文化之间表现得更为显著。在跨文化交际中，对于性别差异的理解尤为重要。不同文化对于男女在交往中的行为、语言使用等方面有着不同的期望和规范。因此，跨文化交际学的研究者需要深入了解这些差异，以更好地促进跨文化间的理解和沟通。个体特征的重视也是跨文化交际学的核心。每个人都是独一无二的，而个体差异会在跨文化交际中产生独特的影响。了解和尊重每个个体的独特性是促进有效交际的关键。

（三）跨文化交际与心理学

中西方文化中存在的心理距离差异是跨文化交际中一个重要的方面。在中国文化中，强调人际关系的建立和维护，注重亲密、温暖的关系，这表现在“仁”和“礼”的概念中。与此相对，西方文化更强调个体主义，注重自我表达和独立性，可能在人际关系上显得更为开放。在交际中，心理距离指的是人们在情感上和心理上的接近或疏远程度。不同文化对于什么样的关系需要保持多大的心理距离有着不同的看法。在跨文化交际中，了解并尊重对方的文化价值观和心理距离观念非常重要。对于西方人更外向、健谈的特点，确实受到文化和环境的影响。这也强调了在跨文化交际中，除了语言沟通，还需要考虑到文化差异对人际关系和交流方式的影响。通过深入了解不同文化的价值观念和交际风格，我们可以更好地建立起彼此的理解和尊重，促进跨文化交际的成功。

从心理学上讲，跨文化交际主要有以下几种方式：①交际沟通方式：强调在交流中注重心理和情感交流，实现更深层次的语言交流。这涵盖了非言语元素，如肢体语言和面部表情，对于理解对方的情感状态和文化背景至关重要。②情景对话型交际教学方法：强调通过在真实或模拟情境中进行交流学习，使学生更容易将语言融入实际生活。这有助于理解文化差异对交际的影响，促使学习者更好地适应不同的文化场景。③参与性和合作性的交际方法：注重在交际中的协作和互动，通过积极参与和与他人合作来指导交流的心理过程。这种方法有助于培养学生的交际技能，使其更能够适应不同文化的交际方式。这三种方式在心理学上促进了人与人之间更深层次的互动，有助于解决跨文化交际中可能出现的心理障碍。

（四）跨文化交际与传播学

传播学与跨文化交际的结合确实在今天变得更为紧密。在全球化的时代，信息传播的范围变得更广泛，涉及到不同文化、语境和价值观念。传播学提供了理论框架和方法来解析这些复杂的跨文化交际过程。语言的编码和解码是跨文化交际中的关键因素。不同文化中，语言可能存在着巨大的差异，这可能导致误解或沟通障碍。因此，理解语言的文化背景、语境和隐含含义是非常重要的。另外，中国的传统文化在跨文化交际中的角色。确实，在推动文化交流时，传播中国文化需要一种特殊的策略。这可能涉及到更深入地介绍中国的历史、价值观念、传统艺术等，以便更好地被其他文化接受。在这个过程中，传播学的理论和实践可以为有效的文化传播提供指导。总体而言，跨文化交际和传播学相互促进，为我们理解和处理不同文化之间的关系提供了有力的工具。

跨文化传播学的出现确实为我们更深入地理解和处理跨文化交际提供了新的视角和方法。通过对话语和传播的角度，跨文化传播学强调了对中西文化进行解构与建构的过程，将不同文化的元素整合在一起，从而促进人们更好地理解和接受彼此的差异。在中国的国情下，强调跨文化交际的人际交流和交际技能的运用是非常合适的。随着中国的国际地位的提升，国际交往变得更加频繁，对有效的跨文化交际能力的需求也日益增加。这种实用性的角度使得跨文化传播学更符合中国的实际需求，同时也有助于调节文化差异和冲突，推动国际交际的发展。跨文化传播的实际意义在于增进国际交际，促进文化的多元共存。在全球化的时代，不同国家、民族、文化之间的互动变得日益密切，了解和尊重彼此的文化成为至关重要的一环。通过跨文化传播学，我们能够更好地应对这一挑战，实现跨文化交际的有效和和谐。

（五）跨文化意识的培养

全球化使得跨文化交往成为日常生活和工作中不可避免的一部分。通过对不同文化的了解，我们能够更好地适应多元化的社会环境，提高自己在跨文化交际中的能力。培养尊重、包容、公平、开放的跨文化心理，以及客观、无偏见和歧视的跨文化平等与国际意识，对于建设和谐的国际社会起到了积极的作用。在这个背景下，个人发展也需要不断提升跨文化交际的技能。这包括理解不同文化之间的差异，学会在多元文化环境中协作，以及通过有效的传播方式进行信息的传递。这些能力在现代社会中变得越来越重要，无论是在国际商务、外交、文化交流还是其他领域。因此，通过积极学习和实践跨文化交际的技能，我们可以更好地融入全球化的潮流，促进文明之间的互学互鉴，推动更加和谐、包容的国际社会的建设。

跨文化交际的学科涉及众多领域，因为它需要同时考虑语言、历史、社会结构、价值观等多个方面。将哲学、社会学、人类学、历史学和语言学相结合，有助于建立更全面的跨文化认知框架。对于跨文化交际来说，语言是一个重要的媒介，但不仅仅是语言的差异，还有文化中的非语言元素，比如礼仪、身体语言、视觉符号等，都需要被考虑。通过了解并尊重不同文化的问候、称呼、禁忌等方面的差异，可以减少误解和冲突，提升交际的效果。同时，对文化差异的敏感性也是培养跨文化意识的关键。通过比较两种文化的相似和不同，人们可以更好地理解对方的观点，以及在交际中如何更好地沟通。这种敏感性是跨文化交际中建立互信和理解的基石。在这个全球化的时代，培养跨文化交际能力不仅有助于个人的发展，也对国际社会的和谐与合作起到积极的推动作用。

减少文化差异的同时，也是要加深对其他文化的理解，这点非常重要。在这个“地球村”的时代，人们经常需要与来自不同文化背景的人打交道，而对其他国家的文化背景和风俗习惯的深刻理解有助于减少误解和促进更有效的交流。以中国的“龙”为例，了解其在中国文化中的象征意义，对于跨文化交际就显得尤为重要。对于中国人来说，龙是祥瑞、权力和尊荣的象征，与他们的身份认同和自豪感密切相关。在与中国人交往时，对这种文化背景的理解可以增加互信，避免可能因误解而引起的问题。同样，对其他国家的文化符号和象征的理解也是跨文化交际的一项基本能力。这种理解不仅仅体现在语言层面，更需要对文化价值观、历史传统等方面的深入了解。这种跨文化意识的培养有助于人们更好地适应多元文化的社会环境。

通过对中西文化的对比研究，学生能够更清晰地认识到文化之间的异同，从而增强对跨文化差异的敏感性。同时，融入其他国家的文化元素，通过艺术、历史、风俗的学习，为学生创造出更丰富的文化体验，帮助他们更好地理解和欣赏多元文化。在语言训练中融入文化元素也是关键。语言与文化是紧密相连的，通过学习语言的同时了解文化，可以更好地理解语言的背后所蕴含的文化内涵。鼓励学生与外国人交流，实践语言技能，也是提高跨文化交际能力的有效途径。通过面对面的交流和网络互动，学生能够更直接地感受和理解不同文化的沟通方式、习惯和价值观。总的来说，这些建议有助于在跨文化教育中培养学生的跨文化意识和交际能力，使他们更好地适应多元文化的社会环境。

四、跨文化交际学科的发展前景

全球化使得各个国家、地区之间的交往更加频繁和深入，跨文化交际成为促进国际合作、理解和和平的关键因素。从商务、外交到教育和文化交流，都需要有效的跨文化交际。随着不同文化之间的交流增加，人们对文化多元性的认识也在不断提升。跨文化交际学科有望为人们提供更深入的文化解读和应对文化冲突的方法。信息技术的飞速发展为跨文化交际提供了更便捷的途径。社交媒体、在线教育等平台使得人们可以实时交流和学习，促进了文化的交流和理解。跨国企业、国际组织以及国际性的合作项目对具有跨文化交际能力的人才有着迫切需求。因此，相关专业的人才培养将更受重视。随着对跨文化交际的深入研究，新的理论和方法不断涌现。例如，更强调情感、认知和身份认同等因素的跨文化交际理论，有望为学科发展注入新的动力。在全球化的社会环境中，人们对于跨文化理解和沟通的需求日益增长。这种社会需求将进一步推动跨文化交际学科的发展。综合而言，跨文化交际学科在全球化时代有着广泛的应用领域和发展机会，能够为促进国际间的合作、文化理解和和谐交流做出积极的贡献。以下我们分三个方面进行论述：

（一）“跨文化”相关学科的增加推动跨文化交际的学科建设

现代科学研究的分化和一体化同时存在，而跨文化交际作为一个综合性的领域，需要综合多个学科的成果，以更好地理解和应对文化差异。“跨文化心理”和“跨文化教育学”的研究，尤其是对各民族心理和教育的深入研究，为跨文化交际提供了重要的认知基础。理解不同文化的心理差异以及教育方式对于有效的跨文化交际至关重要。这种深入研究能够帮助人们更好地预测和解释在跨文化交际中可能出现的问题，从而提高交际的效果。同时，“跨文化交际研究”作为一个独立的学科，通过不断地借鉴和整合来自不同学科的理论和方法，丰富了跨文化交际的理论体系。这种整合努力有助于提升对跨文化交际现象的理解，并为实际操作提供更有效的指导。总体而言，准确地指出了这些“跨文化”学科的互补性和相互促进的关系，这些学科的不断发展和成熟将进一步推动跨文化交际学的深入研究和实践应用。

（二）多国跨文化交际合作研究促进跨文化交际的学科发展

多国跨文化交际的合作研究确实对跨文化交际学科的发展有着积极的促进作用。这种合作不仅可以促进国际文化间的交流与融合，还有助于深入探讨跨文化交际学科中的关键问题。首先，国际合作研究有助于拓宽文化交流的范围。通过多国的交流合作，可以让不同国家、地区的研究者共同探讨并解决跨文化交际中的问题。这种全球性的合作可以促进文化的交流、融合与优化，有助于克服文化本位和文化偏见，最终实现共赢。其次，多国跨文化交际的合作研究对深入探讨学科本身的问题具有帮助。国际间的合作可以带来不同文化背景、学科视角的碰撞，从而产生新的思考和理念。这有助于推动跨文化交际学科中的理论和方法的发展，促使学科更好地适应多元文化的挑战。此外，跨国合作还能够促进学科之间的融合。在合作研究中，不同国家的专家可以分享各自的研究成果和经验，从而促进跨文化交际学科与其他学科的融合，使学科的发展更为全面。最后，通过国际性的跨文化交际学术会议等平台，可以促进对跨文化交际的宏观研究和微观研究的整合，推动专题研究的深入。这有助于建立全球性的学术共同体，共同致力于跨文化交际领域的发展。总的来说，国际合作研究为跨文化交际学科的发展提供了新的视角和机遇，推动了学科的不断进步。跨文化交际的全球性特点决定了国际合作将是未来发展的重要趋势。

（三）全球新现象、新事物扩大跨文化交际研究范围

全球化不仅扩大了跨文化交际的机遇，也带来了新的挑战。研究人员可以深入探讨全球化对跨文化交际的影响，以及在全球化进程中如何更好地促进文化交流与合作。随着网络的普及，虚拟空间成为人们跨文化交际的又一重要领域。研究者可以关注虚拟世界中的文化表达、交流方式，以及虚拟空间对跨文化交际的影响。在全球化的背景下，如何保留弱势文化的特色，以及在跨文化交际中如何平衡强势与弱势文化之间的关系都是需要深入研究的问题。跨文化交际与其他跨文化色彩的学科之间的关系，如跨文化心理学、跨文化教育学等，是一个需要深入挖掘的研究方向。全球化对不同国家之间的言语交际和非言语交际产生了影响。研究者可以关注这些变化的表现形式、基本特点和发展趋势。在方法、理论、实践等方面，跨文化交际学科需要不断进行创新和拓展。如何更好地实现研究方法的多样性、宏观与微观的结合，以及理论与实践的有机融合，都是需要思考的问题。总体而言，全球化的新现象、新事物为跨文化交际的研究提供了更广阔的空间和更丰富的内容。未来，研究者需要紧密关注这些新问题，不断深化对跨文化交际的理解，推动这一学科的发展。

第二章 跨文化交际的影响因素

第一节 环境因素

一、跨文化交际的含义及意义

跨文化交际的重要性在当今全球化的时代变得愈发显著。随着不同文化之间的联系不断增加，人们需要具备跨文化交际的能力，以更好地理解、尊重和与不同文化背景的人进行有效的沟通。在语言教学领域，特别是在英语学习者不断增加的情况下，跨文化交际成为一个至关重要的方面。

跨文化交际研究的目的主要有以下三方面：首先，通过提高对不同文化的理解，可以促进文化间的相互尊重和理解。这是在全球化时代特别重要的一点，因为人们经常需要与来自不同文化背景的人打交道。通过比较文化的差异和相似之处，能够帮助个体更好地适应多元文化环境。其次，培养跨文化适应能力是关键。文化冲击是不可避免的，但通过适应性的培养，个体可以更快地适应新的文化环境，减轻文化冲击的负面影响。这种适应能力对于在国际舞台上成功交流和合作至关重要。最后，培养跨文化交际技能是适应全球化的必然要求。在经济全球化的大背景下，人们面临着与来自不同文化背景的人打交道的机会越来越多。具备良好的跨文化交际技能可以加强合作、减少误解，对于个人的事业发展也具有显著的竞争优势。因此，跨文化交际研究不仅有理论上的意义，更有着实际的应用和社会意义，对于个体和整个社会的发展都有积极的影响。

二、中西跨文化交际中经常出现的文化差异

中西跨文化交际中的文化差异确实是一个复杂而丰富的主题。这些文化差异涉及到语言、价值观、沟通风格、礼仪、思维方式等多个方面。

（一）隐私方面的差异

隐私观念的差异是中西文化之间一个非常显著的特点。在中国，强调集体主义和

人际关系的背景下，个人隐私往往被较为宽泛地理解。人们更愿意分享个人信息，视之为表达亲近和关心的一种方式。相反，在西方文化中，个人主义的价值观更为突出，个人空间和隐私被视为重要的权利。保护个人信息是为了维护个体的自由和独立。因此，一些个人生活中的细节，如年龄、家庭状况、收入等，往往被认为是私密的，不轻易分享给他人。这种差异在跨文化交际中可能引起一些挑战。中国人的开放可能在西方人看来是过于好奇或侵犯了个人隐私，而西方人的保守可能在中国人看来是冷漠或缺乏信任。在跨文化交际中，了解并尊重对方的隐私观念是促进良好关系的关键。

（二）家庭观念的差异

家庭观念的差异确实是中西文化之间一个显著的方面。在中国文化中，家庭被视为一个极为重要的社会单位，强调家族的连续性和传统价值观。亲情伦理在中国文化中扮演着重要的角色，尤其是对父母的尊敬和孝顺。子女会尽量为父母提供经济和精神上的支持，看作是对家庭责任和义务的履行。相反，在西方文化中，个体主义的价值观更为突出。成年子女往往在独立后追求自己的生活，离开父母独立居住。虽然亲情依然存在，但在家庭中的责任和义务较为灵活，不同于中国传统的多代同堂的家庭模式。独立和个人发展被视为重要，子女在成年后会追求自己的生活方式和事业。这种家庭观念的差异在跨文化交际中可能导致误解。中国人可能认为西方人对家庭的关注不够，而西方人可能觉得中国人过于依赖家庭。在交往中理解并尊重对方的家庭观念，以及在需要时进行适当的沟通，是促进文化理解和交流的关键。

（三）时间观念方面的差异

时间观念方面的差异确实在中西文化之间表现得很明显。西方人的时间观念强调效率、准时和计划性，将时间看作有限且宝贵的资源，因此注重按时赴约和事先计划。这反映了一种更加个体主义和强调独立性的文化价值观。相对地，中国文化中的时间观念更为弹性，强调人际关系和活在当下。灵活性和随机性在日常生活和社交中更为普遍。例如，在商务文化中，中国人可能更愿意在会议中进行一些非正式的聊天和人际交流，而西方人可能更注重会议的效率和时间控制。这种时间观念的差异有时可能导致误解。西方人可能觉得中国人缺乏时间管理和计划性，而中国人可能觉得西方人太过于注重时间，显得过于冷漠。在跨文化交际中，理解并尊重对方的时间观念是很重要的，可以通过沟通和协商找到双方都能接受的方式。

三、英语教学中培养跨文化交际能力的方法

培养学生的跨文化交际能力是十分重要的，尤其在今天不断加深的全球化趋势下。了解并尊重不同文化之间的差异，以及学会在跨文化环境中灵活应对，对于个人职业发展和国际交往都具有重要意义。

（一）授课教师要转变观念

转变教育观念是推动跨文化交际能力培养的关键之一。在培养学生跨文化交际能力的过程中，教师的角色从传统的知识传授者逐渐演变为引导者和激发者。让学生亲身体验跨文化交际，通过参与真实的跨文化交流活动，如模拟会话、角色扮演、文化交流项目等，使他们能够在实践中学习。培养学生对文化现象的批判性思考，帮助他们分析文化差异的根本原因，而不仅仅是记住表面的文化习惯和礼仪。利用多媒体资源、真实案例和故事，展示跨文化交际中的成功和挑战，让学生通过案例分析形成对文化差异的理解。设计有趣且引人入胜的课程内容，让学生对跨文化交际产生浓厚兴趣，主动参与学习，而非被动接受。培养学生主动获取跨文化知识的能力，引导他们通过阅读、独立研究、文化体验等途径不断拓展自己的跨文化视野。通过这些方法，教师可以促使学生在跨文化交际领域更全面、更深入地发展，为他们未来的国际交往打下坚实基础。

（二）教师要改变现有的教学方法

利用电影、音乐、照片等多媒体资源，展示目的语国家的文化和生活方式。这样的实例可以使学生更直观地感受文化差异，提高他们的文化敏感性。在教学中引入真实的跨文化交际案例，让学生通过讨论、分析解决问题的方式学习。这有助于将理论知识转化为实际应用能力。组织专业人士或相关领域的专家进行讲座，介绍目的语国家的历史、文化、社会制度等方面的知识。学生可以从专业人士的经验中获得实际启示。创造学生参与跨文化交际的机会，例如组织文化交流活动、与外国学生合作项目等。通过实际参与，学生可以更好地理解和应用所学的跨文化交际知识。在教学中注重培养学生的非语言交际能力，包括肢体语言、面部表情等。这对于跨文化交际的成功非常重要，因为语言只是沟通的一部分。将文化教学与学生的现实生活结合起来，使学生能够在实际生活中应用所学的知识，增加学习的实用性和吸引力。通过这些方法，教师可以更好地满足学生的学习需求，促进他们在跨文化交际领域的全面发展。

深入了解和掌握本国文化是培养跨文化交际能力的重要基础。中国传统文化是博大精深的，包括语言、礼仪、价值观等多个方面，对于理解中西文化差异提供了深厚的文化基础。同时，这也有助于培养学生的文化自信心，使他们更有底气在国际交流中表现自如。强调学好英语是为了更好地交际而非应付考试，正是抓住了英语的本质用途。跨文化交际能力的培养，需要学生具备开放的心态、跨文化的敏感性和对多元文化的尊重。在这个过程中，教师的引导和学生的主动发现都是至关重要的。此外，学好英语不仅仅是为了应付考试，还可以关注实际应用，比如通过参与国际项目、交流活动、实践经验等方式，让学生将所学的语言知识与实际生活相结合，更好地运用到实际交际中。总的来说，培养跨文化交际能力需要综合运用语言学习、文化认知、实践经验等多方面的手段，既注重理论知识的传授，也强调实际运用和体验的重要性。

第二节 语言文化因素

语用失误可能会在跨文化交际中引发一系列问题，从而影响交际效果。在理解和解决这些问题时，需要深入探讨汉语语境下的文化差异以及语义的复杂性。首先，文化背景的不同可能导致留学生在使用汉语时违反了一些交际原则。比如，在中文中，礼貌用语和表达方式可能与其他语境中的不同，这可能导致留学生的表达在中文文化中显得不够得体。同时，一些表达可能因为涉及到文化的敏感问题而造成误解。其次，汉语的语义复杂性也是一个挑战。中文的表达方式可能依赖于上下文、语气、语调等因素，这些因素在不同的文化环境中可能有不同的理解方式。因此，学习者可能在运用中文时未能充分考虑这些因素，导致语用失误。解决这些问题的方法可能包括在语言教学中强调文化差异和语用规则，提供实际的跨文化交际机会，以及鼓励学生积极参与文化体验。此外，帮助学生理解汉语中的隐含含义和文化内涵也是非常重要的一步。

一、跨文化交际中汉语言语用失误的基本表现

跨文化语境中汉语语言使用的语用失误，基本表现在：语用原则选择的失误；言语行为实施方式的失误；实施言语行为的合适性条件的失误三个方面。

在不同文化背景下，礼貌原则和合作原则的认知差异以及在汉语中原引用的使用原则的不同，是导致语用失误的主要原因。语用学理论强调语言行为必须满足合适条件才能发挥作用。在留学生与中国人进行日常交际时，由于对社会距离等合适性条件的关照不足，很容易导致语用失误。此外，在实施语言行为时，部分留学生也可能因为中国文化与其母语文化规则实施方面存在差距，从而出现汉语使用引用失误。例如，中国人提出的邀约方式可能有一种表示客气的方式，另一种才是真正的邀约。然而，很多留学生难以判断这两种邀约的差异，因此分不清沟通对象是假意还是真心。

在解决这个问题的过程中，培养留学生对于社会距离、合适性条件等方面的敏感性是至关重要的。通过提供实际案例、角色扮演等方式，帮助留学生更好地理解和适应中国的语用环境。鼓励他们参与文化体验、与本地人交流，以提高对社交规范和期望的认知。

二、跨文化交际中汉语言语用失误的原因

语言虽然是跨文化交际的基础，但并不能单独代表双方的沟通能力。语言的使用涉及到更广泛的文化背景、社会习惯和交际技能等方面。在对外汉语教学中，培养留

学生的语用能力和文化意识是非常重要的，但确实不应该将其视为学习汉语的唯一目的。学习语言的过程应该更加全面，既包括语法、词汇的学习，也包括文化、历史、社会背景等方面的了解。语用失误是难以完全避免的，即便是母语使用者也可能在特定语境下犯错。关键在于教育过程中强调的是理解和纠正，而不是仅仅追求完美。培养学生的自我纠错能力和适应能力同样重要，让他们能够在实际交际中灵活运用语言，理解和尊重不同文化间的差异。因此，针对跨文化交际中语用失误的原因作出分析，基本可归纳如下：

（一）思维模式差异

语言虽然是跨文化交际的基础，但并不能单独代表双方的沟通能力。语言的使用涉及到更广泛的文化背景、社会习惯和交际技能等方面。在英语教学中，培养留学生的语用能力和文化意识是非常重要的，但确实不应该将其视为学习汉语的唯一目的。学习语言的过程应该更加全面，既包括语法、词汇的学习，也包括文化、历史、社会背景等方面的了解。语用失误是难以完全避免的，即便是母语使用者也可能在特定语境下犯错。关键在于教育过程中强调的是理解和纠正，而不是仅仅追求完美。培养学生的自我纠错能力和适应能力同样重要，让他们能够在实际交际中灵活运用语言，理解和尊重不同文化间的差异。

（二）价值观差异

语言虽然是跨文化交际的基础，但并不能单独代表双方的沟通能力。语言的使用涉及到更广泛的文化背景、社会习惯和交际技能等方面。在英语教学中，培养学生的语用能力和文化意识是非常重要的，但确实不应该将其视为学习英语的唯一目的。学习语言的过程应该更加全面，既包括语法、词汇的学习，也包括文化、历史、社会背景等方面的了解。语用失误是难以完全避免的，即便是母语使用者也可能在特定语境下犯错。关键在于教育过程中强调的是理解和纠正，而不是仅仅追求完美。培养学生的自我纠错能力和适应能力同样重要，让他们能够在实际交际中灵活运用语言，理解和尊重不同文化间的差异。

（三）文化背景差异

中国文化强调仁义道德，受到千百年封建思想的影响，道德常被视为行为准则。相比之下，西方文化更注重个人利益和个性发展，强调对平等和自由的追求，形成了独立自主的个性特征。中国人通常持谦逊、深厚的等级观念，尊重老人、关爱幼辈，与西方文化形成鲜明对比。在西方，家庭成员更注重平等，缺乏明显的阶级观念，师生和家庭成员之间通常以姓名相称。然而，这种方式在中国被视为不适当，甚至有忤逆之嫌。因此，在日常交流中，留学生由于文化差异可能在使用英语时出现语用失误。

第三节　心理因素

文化碰撞带来的未知性和不确定性确实使交际变得更加复杂。在这个过程中，人们的心理经历着一系列变化，因为彼此文化的差异会引发许多不可预测的因素。这种不确定性表现在双方难以理解对方的行为、情感、态度和价值观。在这种情况下，人们往往倾向于用本族文化的标准来评判异族文化的成员。同时，为了获取社会和个人身份认同，人们通常将相同文化背景的人视为内群体，而将陌生文化的人视为外群体。这可能导致内群体偏好，对外群体的疏远，形成民族中心主义、文化定型和偏见等心理障碍。这些心理障碍直接影响了跨文化交际的数量和质量，强调了在促进有效的跨文化交流中解决这些心理层面的挑战的重要性。

一、跨文化交际的主要心理障碍分析

民族中心主义源自希腊语，意味着把本民族看作是世界中心，认为自己的文化优越于其他民族文化。这种态度在个体层面表现为以本群体为中心看待事物，对其他群体进行评价和排名。William 将其特点总结为以本群体为中心来看待事物，对其他群体按照本群体标准进行等级划分。每个群体都认为自己的社会习俗是正确的，而其他群体的差异往往会受到嘲笑。这种民族中心主义在历史上的例子，比如希腊文化鼎盛时期对不懂希腊语的人的嘲笑，突显了这种观念的存在。民族中心主义是文化熏陶的结果，是在家庭、学校、社会的影响下逐渐形成的一种无意识行为。由于其“自我中心”和“文化优越感”的特点，社会心理学家认为这种态度会对跨文化交际带来负面影响。首先，因为人们通常根据本群体文化的准则去解读其他文化的行为，容易导致误解和交际障碍。其次，由于对本群体的偏爱，人们可能对其他文化产生心理抵触，阻碍了对不同文化含义的理解和接受，形成了心理屏障。这一系列的负面影响强调了消除民族中心主义在跨文化交际中的重要性，以促进更有效的文化交流和理解。

民族中心主义不仅仅是一种思想观念，更体现在言语和交际中，直接影响了人际关系和跨文化交际。Lukens 提出的“民族/群体中心主义言语”概念深刻地揭示了这种态度在交际距离上的表现。漠不关心的距离体现了轻微的民族中心主义，表现为说话者在与外部群体成员交际时展现冷漠的态度，可能采用冷淡的提问方式、故意提高嗓门或放慢语速，甚至用对方不熟悉的腔调对话，将对方当作外国人对待。回避距离则表现为更强烈的民族中心主义，说话者在外部群体成员在场时刻意转换语言或方言，通过身体语言忽视对方，只与内部群体成员保持目光接触，以突显内部群体的联系，从而回避与外部群体成员的接触。而蔑视距离则是最严重的表现，包括挖苦、种族笑话、充满仇恨的言辞甚至身体暴力，目的是孤立或排挤外群体的成员。这种态度不仅导致敌意与冲突，甚至可能引发战争。这些不同层次的交际距离展示了民族中心主义在言语中的多样表现，强调了这种态度对人际关系和社会和谐的负面影响。促进跨文化理解和尊重是减轻这种交际距离的关键。

二、文化定型

文化定型是一个重要的概念，特别是在跨文化交际中，它对人们对不同文化群体的认知和态度产生深远影响。文化定型最早由 Walter Lippmann 在《大众舆论》一书中提出，并在跨文化交际领域中被称为“文化定型”或“文化定式”。文化定型指的是一个群体成员对另一个群体成员的固定、简化的看法。这种简化的观念可能是基于文化、民族、国家等因素，导致对特定群体的一般性刻板印象。从态度的角度来看，文化定型可以分为积极的和消极的两种。积极的文化定型是指带有褒义的文化刻板印象，例如“中国人擅长数学”或“美国人直率”。这种类型的定型可能是基于某种正面的特征或能力，但同样可能过于简化和泛化。消极的文化定型则是指带有贬义的文化刻板印象，例如“黑人有暴力倾向”或“德国人刻板”。这种类型的定型往往基于负面的特征或行为，同样存在过度简化和误导的可能性。文化定型在跨文化交际中可能导致误解、歧视和不公正对待。它们可能源于对陌生文化的不熟悉和对己方文化的偏见，是跨文化交际中需要克服的重要障碍之一。通过教育和互相了解，人们可以减少对他人的文化定型，促进更深入、平等和尊重的跨文化交流。

文化定型是一种在跨文化交际中不可避免的认知策略，它有很大的局限性和片面性。文化定型因为过于简化和标签化，容易忽略群体内部的多样性和个体的差异。这种思维方式无视群体内部存在的差异，忽略了文化中的特殊性。这种极端做法会夸大群体内部成员的相似性，而忽略了个体之间的差异，从而导致对其他文化个体的认识出现偏差文化定型是后天习得的行为，一旦形成，容易在日常生活中得到强化，成为思维的惯性。这种思维惯性使人们更倾向于选择性地记忆和关注那些与自身文化定型相吻合的现象，而忽略与之不一致的情况。这种选择性记忆和思维惯性使得人们对其他文化的个体形成固定的印象，甚至在面对不同行为模式时产生怀疑。因此，文化定型的这些特点确实会给交际者带来困扰，阻碍跨文化交际的顺利进行。克服这一挑战的关键在于加强跨文化教育，提高人们的文化敏感性和意识，以便更全面、平等地理解和尊重其他文化。

三、偏见

“偏见”这个词源于拉丁文 Pracjudicium，即“以事先所做出的决定或先前的经验为基础的判断”。Allport 将偏见定义为“一种以错误的或不可变通的概括为基础的反感态度。这种态度可能是隐性的，也可能是公开的。它可以是针对一个群体，也可能针对某一群体的个体”。它是一种随意地对外部群体所有成员或部分成员的一种诋毁态度，比如“意大利人事前聪明，德国人事中聪明，法国人事后聪明”，这都是带有负面情感的态度，常常以无理由的厌恶、规避、怀疑、仇恨等形式表现出来。偏见不是一般性的错误看法，而是一种僵化的、不可逆转的、不可改正的态度，它是基于错误的判断或是先入之见，是对别的群体或个人采取的否定的态度，是一种不健康、不合理的心态。

以己方群体标准来评价其他群体，常伴随着认为其他群体低于己方的观念。例如，一些美国白人可能认为黑人是低人一等的种族，这反映了民族中心主义思想，即以自己的文化为中心看待其他文化。当认为其他群体的存在威胁到内群体的利益时，人们可能对外群体成员抱有敌意。这种敌意可能源于竞争、资源争夺等因素，表现为一种针对性的负面态度。常常伴随着不自觉的负面情感，但个体可能不承认自己存在偏见。通过一些不显眼但比较积极的行为来掩饰这种反感，这种行为可能是出于社会压力或自我保护的需要。在正式场合，人们可能表现得友好，但内心却有意识地与其他群体保持一定距离。这种行为可能是为了避免冲突或维持社会和谐而采取的一种策略。当人们感到在跨文化环境中与其他群体成员相处时不适或有压迫感时，可能会避免与他们有任何接触。这反映了对于不同文化的不熟悉和不适应可能引起的一种拒绝态度。这些表现形式凸显了偏见的多样性和复杂性，强调了在跨文化交际中理解和克服偏见的重要性。通过增强文化敏感性和培养开放、尊重的态度，人们可以更好地应对这些挑战，促进跨文化理解和合作。

当群体之间存在强烈的偏见时，人们可能采取避免接触的方式，以规避可能引发冲突的情境。这导致了信息的孤立，使得群体之间更难以理解和包容对方。强烈的偏见有可能演变为具体的歧视行为。这可能表现为对其他群体成员的不公平对待，涉及到就业、住房、政治权利、教育等方面。这是对平等和公正原则的严重侵犯。在一些极端情况下，偏见和歧视可能演化为暴力行为。这可能包括仇恨犯罪、暴力袭击，甚至可能引发社会动荡。这种情况对整个社会都构成严重威胁。这个过程显示了偏见是一个潜在的危险因素，它不仅损害了个体之间的关系，也危及社会的和谐。因此，推动文化教育、促进多元化和包容性的社会氛围，以及强调平等和公正的原则，都是预防偏见升级为歧视和暴力的关键。

四、克服跨文化交际心理障碍的对策

（一）树立对文化定型的反思意识，以达到对定型的超越

在跨文化交际中，文化定型虽然是一种不可避免的认知方式，但通过增强对文化定型的反思意识，我们可以更有效地减少其负面影响，促进跨文化理解和交流。通过意识到文化定型是以偏概全、片面和不合理的认知方式，人们可以避免陷入定势思维

的陷阱。这意味着不仅要意识到自己的文化定型，还要理解这种思维方式可能导致的误解。元认知是对自己思考过程的认知和监控。通过提高对文化定型的元认知水平，人们能够更深入地理解这种认知方式是如何形成的，并主动调整自己的思维过程，以避免盲目应用文化定型。了解文化定型是如何形成的，涉及到个体的经验、教育、媒体影响等多方面因素。通过反思文化定型的形成过程，人们能够更全面地理解自己对其他文化的刻板印象，并更有针对性地进行调整。反思并不是一次性的过程，而是一个持续的学习和修正的过程。通过不断反思，人们可以逐渐修正过去可能存在的偏见，提高文化敏感性，从而更好地适应跨文化环境。这种反思意识的培养有助于打破"桥"与"墙"文化定型的悖论，使文化定型更成为连接而非隔离的工具。通过积极的元认知和反思，人们可以更好地应对跨文化交际的挑战，促进文化之间的有效沟通与理解。

（二）增强文化相对论意识，克服民族中心主义的偏见

文化相对主义强调尊重多样性，认为每种文化都有其独特的价值和贡献。通过接受并尊重不同文化的存在，人们能够建立更开放、包容的思维方式，促进和谐的跨文化交际。文化相对主义反对通过自己文化的标准来评判其他文化。在跨文化交际中，避免对其他文化进行主观的价值评判是至关重要的。这有助于减少民族中心主义的偏见。采用文化相对主义的观点，人们能够在平等对话的基础上交流。而不是把自己的文化视为标杆，而是在相互尊重的基础上分享经验、理念和价值观。同时，文化相对主义也提醒人们要注意到不同文化之间的共性。尽管文化存在差异，但也有许多共同的人类价值和普遍性原则，这些可以成为沟通的桥梁。通过构建多元文化的视野，人们能够更全面地理解世界各地的文化，增强对文化差异的敏感性。这有助于打破民族中心主义思想的偏见，促进更有效的跨文化交流。在这种意识下，人们能够更好地理解文化的相对性和复杂性，形成更具包容性的跨文化交际方式。这是建立在互相尊重和理解的基础上，实现文化交流的重要一步。

（三）培养文化移情能力，克服交际心理障碍

文化移情是一种深层次的交际技能，它可以帮助人们在跨文化交际中更好地理解、尊重和沟通。主动学习和了解不同文化的历史、价值观、传统和生活方式。通过阅读、观看相关资料，参与文化活动，扩展自己的文化视野。亲身体验不同文化的生活，可以通过旅行、参与文化交流项目、参加国际活动等方式。实地接触和感受有助于更深层次地理解其他文化。学习其他文化的语言是培养文化移情的重要途径。语言是文化的一部分，通过学习语言，可以更好地理解对方的思维方式、表达习惯和文化内涵。积极参与跨文化的交流活动，与来自不同文化背景的人建立联系。这可以是线上社交平台、文化交流活动、国际会议等，通过与他人直接交流，增加对不同文化的理解。反思自己的文化观念、偏见和习惯。了解自己的文化背景对思维和行为的影响，以及这种影响如何影响对其他文化的看法。在交流中保持开放心态，尊重他人的文化

差异，理解每个文化都有其独特的合理性。避免通过自己的文化标准去评判和贬低其他文化。通过与不同文化背景的人建立深入的友谊或合作关系，更深层次地了解对方的生活、信仰和价值观。通过这些方法，人们可以逐渐培养文化移情能力，更好地融入跨文化环境，促进文化的交流与共融。这对于解决文化差异带来的交际障碍非常重要。

第三章　高校英语教学的理论

第一节　创客式高校英语教学理论

一、教学的内涵

一、创客教育与创客

近来，创客教育作为一种崭新的教育形式在全球范围内崛起。美国是创客教育最早发展的地方，关键的里程碑事件包括前总统奥巴马在2009年的“教育创新（Educate to Innovate)”大会上的讲话，以及2012年美国白宫启动的“创客教育计划”(Maker Education Initiative，MEI)。创客教育的提出强调培养学生的创造力和创新能力，成为教育领域备受关注的新兴方式。在全球范围内，包括初等教育和高等教育在内的多个层面都越来越重视创客教育。

（一）创客教育的起源

创客教育源于美国的“maker movement”或创客运动。“创客”一词来源于英文单词“Maker”，指的是那些出于兴趣与爱好，努力将各种创意转化为现实的人。创客运动的起源可以追溯到2001年，当时美国麻省理工学院（MIT）比特与原子研究中心启动了Fab Lab创新项目。后来，克里斯·安德森（Chris Anderson）在他的著作《创客：新工业革命》中首次使用了“Maker”一词。创客概念的提出契合了工业4.0的发展趋势，同时“做中学”的学习理念也符合教育2.0时代对二十一世纪核心素养的需求。因此，创客教育受到了广泛关注，尤其在教育领域引起了社会各界人士的推崇。全球各地的创客空间迅速发展，创客活动蓬勃开展。创客教育的兴起标志着一种富有活力、富有感染力和创造力的全新教育模式的诞生。

（二）创客教育的定义与特征

创客教育的核心目标是培养具有创客精神和素养的全面发展的个体，是一个系统的教育理念。它强调学习方式为“从创造中学”，是一种新型的教育模式。在广义上，创客教育旨在激发广大人民的创客精神。与传统教育相比，创客教育具有以下特征：①注重培养创新实践能力，将创新技能视为21世纪学生应具备的核心技能之一，与教育现代化密切相关；②跨学科学习是创客教育的内容，促进了科技与教育的融合。类似于“STEAM”教育，创客教育追求跨学科整合，培养学生的综合能力；③核心方式是“从玩中学”“从做中学”和“DIY”（自己动手做），以培养学生的动手和实践能力。

二、创客式大学英语的理论依据

在网络时代的冲击下，大学英语需要进行变革以适应新的教育技术和理念。创客教育的兴起为大学英语教学提供了一个新的方向，即发展创客式大学英语教学。创客教育的发展受到政府推动和新教育技术发展的驱动，但更根本的推动力源于其丰富的教育理念。尽管创客式大学英语是一个新兴概念，但它背后得到了多种成熟的教育理论的支持，包括实用主义教育理论和建构主义学习理论等。

（一）实用主义教育理论

实用主义教育理论的核心理念是“从做中学”，强调个体通过亲身体验和尝试来获取真知。在实用主义教育的指导下，学习者在活动中的实际经验成为主要学习手段，标志着知识不再占据主导地位，教师也不再是教学的中心。学校教育中，学生的主体地位得到强调，教师需要创造有效且有趣的教学方式，确保学生在实践中学习，培养他们的能力。

创客教育试图通过让学习者在动手操作中体验创造的乐趣，改变传统以知识为主导的课堂，将学校打造成学生创造的天地。在这一理念下，教师的关键任务是引导学生在实践中学习、成长和发展。因此，可以说创客教育理论是对实用主义教育理论，特别是杜威的“做中学”理念的继承和发展。

（二）建构主义学习理论

建构主义学习理论认为学习是一个构建的过程，学习者首先形成一定的认知，然后在具体情境中实践和体验，最终重新构建新的认知。在这个过程中，教师的角色是辅助引导，充当合作者和引导者，而不仅仅是传授知识。建构主义理念下的教学将学生置于中心地位，注重学生已有知识的重要性，创新思维的拓展发生在新旧知识融合的过程中。在教学中，教师需要设计具体情境，以促进学生知识的构建。学生在学习中应进行多方面的互动，经验共享，并通过协同合作解决问题。交流讨论和头脑风暴有助于形成共识，从而促进新知识的构建。

创客教育与建构主义理论相呼应，强调学生通过自主探索、与教师、同学积极合作来提高思维和创造能力。

（三）项目教学理论（PBL）

项目教学法（PBL）是一种以项目为主线、学生为主体、教师为引导的教学方法。在这种方法中，教师将独立的项目交由学生处理，学生需要负责项目的各个环节，包括信息收集、方案设计、项目实施以及最终评价。项目教学法强调学生的主动参与和自主学习，注重学习过程而非结果。

在项目教学法中，学生通过实践活动进行学习，先练后讲，先学后教。这种方法能够调动学生的主动性、积极性和创造性，有利于培养他们的自学能力和创新能力。项目教学侧重于实施过程，关注学生在解决问题的过程中的思考和方法。因此，学生在项目实践中能够锻炼和培养问题分析和解决问题的能力，同时理解和掌握课程要求的知识和技能。

创客教育和项目教学法在强调体验式教学方面有一定的相似之处，都注重学生通过实际操作和实践活动来深化对知识的理解和应用。这种体验式的教学方法有助于学生更好地体验创新的过程和乐趣。

三、创客式大学英语教学中的发展路径

创客教育的核心理念是鼓励学生在创造中学习，强调培养学生的创新思维和能力。这种教育方式并不仅仅限于动手制作，还包括产生新理念和新方法的能力。因此，创客教育不仅适用于手工制作类课程，也适用于各种学科，包括大学英语课程。大学英语课程的任务是培养学生的英文水平，使他们的知识体系能够与世界接轨，学习全球先进知识与技能。在新时代和新技术的背景下，大学英语教学面临着改革的迫切需求，因为传统的教学方式已经无法完全满足当今时代的需求。创客教学作为一种新型的教学理念，为大学英语教学改革提供了新的推动力。创客教育的引入可以使大学英语教学更加注重学生的主动参与和创新能力的培养，通过实际操作和创造性的项目，激发学生学习的兴趣和动力。这种创新的教学方式有助于提高学生的学习效果，使其更好地适应未来社会的挑战。

（一）实施 STEAM 教育模式，增加大学英语能力培养维度

STEM 教育的提出为创客教育奠定了基础，它强调科学、技术、工程和数学的综合运用，培养学生的动手和创新能力。后来引入艺术学，形成 STEAM 教育，更加强调创造性思维和全面发展。创客教育的宗旨与 STEAM 教育有相似之处，都注重跨学科知识的整合和学习者之间的协作。发展创客式大学英语教学可以借鉴 STEAM 教育的模式，通过增加大学英语能力培养的维度，实现对学生的全面培养。传统大学英语教学往往只注重英语知识的传授，而缺乏跨学科能力的培养。这种状况的原因可能包

括教育技术的限制、教师能力的局限以及课程设置的约束。采用 STEAM 教育模式来发展创客式大学英语教学，旨在克服这些限制，使得大学英语教学更具创新性和综合性。这样的改变有望激发学生对英语学习的兴趣，培养他们更全面的能力以适应未来的挑战。具体做法是：

1. 提高教师跨学科视野和综合素质

教师在创客式大学英语教学中扮演了更加引导和协助的角色，需要具备跨学科的视野和综合素质。传统的英语教学注重语言知识的传授，而创客式教学强调跨学科知识的整合，要求教师更加全面地了解多个领域的知识。为了提高教师的跨学科视野和综合素质，教师可以积极参与跨学科的专业培训和学术研讨，了解其他领域的最新发展和趋势。同时，教师还可以主动与其他专业的教师进行合作，促进学科之间的交流与合作，形成跨学科的合作团队。此外，教师还应不断学习新技术和新理念，将其融入到英语教学中，提升自己在教学中的创新能力。通过在实践中不断尝试和反思，教师可以逐渐适应创客式大学英语教学的要求，为学生提供更为综合和实用的知识。总体而言，教师的跨学科视野和综合素质的提高是创客式大学英语教学成功的关键之一，这需要教师持续地拓展自己的知识面，并灵活运用跨学科的理念和方法。

2. 设计培养学生综合能力的创客式课程

设计创客式课程需要教师具备跨学科的能力和视野。在这个基础上，可以采用项目教学法和创客理念，培养学生的跨学科综合能力。例如，通过“A Brush With The Law”一课，教师可以引导学生分组任务，利用网络收集文化、地理和法律知识，并使用计算机技术完成 PPT 和小微课的制作。在课前、课中和课后，学生通过合作完成任务，展示成果，接受评价，不仅学到英语知识，还提高了计算机技能和协作沟通能力。类似地，对于其他课程如“Dear And Energy Cycle”和“The Professor And The Yoyo”，教师可以结合创客式教学的理念，在课程中引导学生深入了解生态学、能量循环、物理学和工程学等相关概念。通过这种设计，学生在获取英语知识的同时，拓展了跨学科的视野，提升了多方面的综合能力，包括计算机技能、协作能力等。因此，通过创客式课程设计，学生将在更广泛的领域中获得深入的学习体验，进一步培养出色的综合能力。

（二）采用混合式学习方法，变革大学英语教学模式

混合式学习是一种结合在线学习和传统面对面教学的教学模式。在 21 世纪，随着互联网的普及和现代教育技术的发展，在线学习逐渐崭露头角，成为教育领域不可或缺的一部分。混合式学习的核心理念在于通过整合在线学习和传统教学的优势，达到提高学习效果的目的。在混合式学习中，学生可以通过在线平台获取学习资源，进行自主学习，并在传统课堂中与教师和同学互动。这种结合有助于灵活性和个性化学习，

同时保留了传统面对面教学的交流和互动优势。学生可以在自己的节奏下学习，并在课堂上进行更深入的讨论和实践。这一教学模式在国际上已经得到广泛认可，被视为一种有效的教学方式。通过整合不同的学习方式，混合式学习有望更好地满足学生的个性化需求，提高学习的效果和质量。

发展创客式大学英语教学时，混合式学习是一种理想的教学模式。通过结合传统课堂教学、在线学习、协作学习等多种活动，混合式学习能够充分利用学习环境的灵活性、共享性，激发学生的主动性和创造性。这种教学方法有助于培养学生的兴趣，提升信息素养，使其适应并运用新媒体环境。以下是具体的实施方法：学生通过课程平台自主学习在线资源，包括教学视频、PPT 课件等。完成答疑讨论和在线测试，教师可以根据学生讨论和测试情况了解知识薄弱点。线下进行知识的巩固和完善，教师对重难点进行有针对性的讲解。组织学习者互相讨论，解决问题，深化知识。学生登录课程平台撰写学习日志，记录学习情况和问题。教师可布置课后任务，学生在线完成，进一步融会贯通相关知识。利用英语学习网站和手机 APP，教师引导学生选择并使用，甚至组织竞赛任务，增加趣味性。采用混合式学习的方法，教师能够有针对性地设计课程，提高学习效果。学生在线上线下学习中更有灵活性，能够在不同环境中学到更多的知识，同时提升英语学习的趣味性。

（三）提倡探究式教学，提高大学英语教学效果

探究式学习是指在教学中设立学科主题或现实生活场景，创造一种类似学术研究的环境，通过学生主动参与的探索活动，如动手实践、问题发现、实验、调查、信息搜集与处理、表达与交流等，以培养学生的探索精神和创新能力，获得知识和技能。在创客式大学英语教学中，强调学生的主动性和思考能力，教师的任务是激发学生的学习兴趣，引导他们在实践中自主思考和解决问题。学生通过实践获得的知识是直接经验，而教师或书本提供的知识则是间接经验。因此，实践是知识的真正源泉，而探究式学习正是将书本知识转化为实际知识的有效途径。

探究式学习不仅是学习的方法，更是学习的目标。在发展创客式大学英语教学的过程中，有意识地培养学生的自主学习能力是至关重要的。自主学习能力有助于学生运用已有知识主动探索和发现更多相关的语言知识以及语言背后的文化内涵。外语作为一门工具性学科，学生通过自主学习能够更好地运用英语这一工具，进而拓展到其他学科的知识领域。因此，创客式大学英语教学的目标是培养学生多维度的能力，不仅包括语言基础知识和技能，还包括学习习惯和思维方式。通过发展探究式大学英语教学，学生将能够系统化地构建外语学习中的知识结构，形成以语言文化为核心的跨学科综合体。探究式教学旨在培养学生综合运用语言知识和技能的能力，同时培养其对不同文化的理解和尊重。创客式大学英语探究教学不仅仅发生在课堂内，更创造了一个融合课内外、融合书本与网络、融合学习与实践的立体语言学习环境。在这个环境中，学生通过网络和多元学习资源进行自主学习和合作学习，教师的角色是引导和

辅助，通过学生的自我实现促进教学效果的优化。

在“互联网+”时代的蓬勃发展和信息教育技术的快速演进中，传统的大学英语教学亟需变革。创客教育的涌现为这场变革指明了新的方向。创客教育倡导以学生为主体，通过实践中学习，培养富有创新能力的学生，与高校人才培养目标和21世纪核心素养要求相契合。因此，发展创客式大学英语教学成为与时代发展相适应的明智选择。其主要实现路径在于充分利用互联网和现代教育技术，采取线上线下结合的教学方式，在教师的引导下鼓励学生主动探究，协同进步，培养跨学科的综合能力，特别是创新能力。当然，创客教育作为一种新兴教育模式，其效果仍需时间验证。发展创客式大学英语教学也面临一些问题，包括促使传统教师成为创客导师的转变、确保学生在探究学习中的积极性、合理安排混合式学习中线上和线下学习的时间比例、改进传统教学评价体系，以及采用定量方法验证创客式教学效果等。这些问题将成为未来创客教育研究的关键方向。

第二节　体验式高校英语教学理论

当代世界教育学的主要思潮之一是体验式英语教学。这种教学方法以学生为中心，关注学习者的认知经验，倡导发现式学习，强调学习过程和互动。将体验式教学理论应用于实际课堂教学有助于提升学生的自信心和学习能力。

一、体验式英语教学的理论依据

体验式英语教学是当今世界教育学研究和实践中的一种主流思潮。它以学生为中心，倡导发现式学习，强调学习过程和学习的互动。体验式英语教学关注学习者的个体需求和个性化的学习风格，强调合作式学习，注重创设课堂交际情境和真实的语言实践环境。构建主义学习理论是体验式英语课堂教学的教育学依据。构建主义学习理论强调学生对知识的主动探索、发现和构建。基于构建主义学习理论，体验式英语教学注重学生的自主体验和自主学习能力的培养，强调学生学习的主动性和参与性。体验式英语学习模式鼓励学生对自己的学习进行反思，以期发展新技能、新态度、新理论和新思维方式。体验式英语教学的核心理念是通过真实或模拟的语言学习活动，让学生获得语言体验、增加信心，体验成功和快乐。美国心理学家罗杰斯认为，只有体验学习才是有意义学习，它以增长学生的经验为中心，以学生的潜能为动力，将学习活动、愿望、兴趣和需求融为一体，有效促进个体发展。因此，体验式英语教学致力于创造直接和相关的学习环境，使学习者在其中获得知识、应用知识。

二、体验式英语教学的优势

体验式英语教学相较于传统教育模式有一系列优势，其中邹为诚等提出的“以语言体验为核心”的五项教学原则展现了这一教学方法的特点。

(1) 以学生为中心：传统英语课堂注重教师的讲解，学生的被动接受。相反，体验式英语教学将学生置于中心地位，关注个体差异，教导学生如何运用语言而非孤立地学习。

(2) 以任务为基础：传统教学侧重于词汇和句法的教学，而体验式英语教学更注重文化内涵的融入，以教学内容为基础材料，鼓励学生比较研究英语语言国家的文化。

(3) 以互动式教学为特征：体验式英语教学强调学生通过网络课题的互动学习，创设运用英语的情景，组织学生参与语言交际活动。这促使学生在交际过程中相互学习，提高学习积极性和创造性，培养自主学习意识，使学习方式由被动变为主动。

三、体验式英语课堂设计

体验式英语学习理论强调学习是学习者的学习。为了让学生积极参与课堂教学活动，让学生通过自己的参与、体验产出语言，教师在课堂教学中要注重以下方面的教学设计：

（一）创造真实情境

创造真实的语境是体验式英语教学的核心。正如语言学家克鲁姆所言：“在成功的外语课堂中，应该创造更多的情境，让学生有机会运用所学的语言材料。”体验式英语课堂的设计旨在让学生在真实的语境中体验和运用语言，使所学的语言具有实际应用的体验。

（二）建设语言实践平台

在体验式英语学习中，学习者被视为主体，有效学习需要从学习者的兴趣和实际问题出发。教师的角色在于为学习者提供丰富的学习情境，引导他们构建自己的经验。为此，教师应该搭建语言实践的平台。这包括在课堂内组织各种活动，如辩论、主题讨论、即兴演讲、小型英语角等，让学生在讨论中体验语言的实际运用。同时，还可以推动课外活动，如英语话剧比赛、商务谈判、无领导小组讨论等，让学生在实践中修正和体验语言。此外，鼓励学生参与出国留学，如交流生学习项目，提供在目的语国家学习语言的机会，使学生在真实语言环境中体验和学习。

（三）培养学生自主学习能力

培养学生的自主学习能力是体验式英语教学的一个关键目标。自主学习能力包括学生对学习目标的确定、学习进程的规划，以及对自身学习能力的评估。这种能力的培养不仅使学生能够对自己的学习负责，还有助于培养他们对社会的责任感。自主学习让不同层次和水平的学生都能够学会学习，并在不同程度上得到发展。在体验式英语教学中，学生的自主学习不是孤立的，而是在教师个性化的指导下进行。教师需要因材施教，根据学生的实际情况设计学习目标和进程，并通过跟踪检查和指导加强对学生学习进程的引导，以此培养学生的自主学习能力，提高学习效果。

（四）指导学习策略的运用

学生学习能力的提高需要注重学习策略的应用。许多学生在学习过程中的问题并非是由于教学内容和材料没有理解，而是由于缺乏认知策略和元认知技巧。学习策略对学生的学习至关重要，学生学习结果的差异往往源于不同学习方法的差异。在体验式英语教学中，教师在指导学生自主学习的同时要注重培训学习策略，关注学生的个体差异，解决英语学习中的常见问题，如语言差异、语音、语法、词汇、篇章和文化等方面的问题。教师应该帮助学生发现适合自己的学习技巧，制定学习目标，培养使用策略的意识，以提高学习效率。

体验式学习与交际教学法中的任务型学习法理论有许多共通之处。这两种学习理论都以学生积极参与课堂活动为基础，通过参与交际活动使学生学会在实际生活中应用语言。体验式学习和任务型学习法的目标都是通过学生的互动体验来获取知识。因此，课堂英语教学的设计应根据学生的实际水平调整内容，创造浓厚的语言交流环境，丰富的课外语言文化交流活动，并设计各种语言实践场景模拟活动，使学生在学习语言的同时能够体验生活，在日常语言交际中感知和认知语言的实际应用。

第三节　反思性高校英语教学理论

反思性教学是一种源自西方发达国家的教学模式，它强调教学主体通过对自身教学行为、目标和工具等方面的不断反思和调整，以提高和改进教学效果。这种教学理念要求不仅关注教学的结果，还注重在教学过程中不断探索和提升。反思性教学使教师在教学中扮演多重角色，既是教育者，也是不断反思和被教育的学习者。在反思性教学中，循环与提升是一个核心特点。教师通过积极关注教学目的和结果，不断循环地进行自我评价和反思，以提高自己的教学手段和能力。这个过程是动态的，需要不断地追求进步和优化。教师之间的对话与交流是反思性教学的重要支持。通过与其他教师的交流，教师能够共同探究良好的教学方式，互相研究和探索教学行为。这种合作与分享的氛围有助于激发创新，促进教学理论的发展。在英语教学中，反思性教学同样具有重要的意义。重新定位和思考英语教学理论，探讨良好的英语教学方式，有助于提高教学质量。通过反思性教学，教师可以更好地适应学生的学习需求，灵活调整教学方法，促使学生更好地理解和掌握英语知识。因此，反思性教学不仅是一种教学模式，更是一种教学理念，它鼓励教师不断反思、调整和提升，以适应不断变化的教育环境，为学生提供更有效的学习体验。

一、反思性英语教学模式

在教育体制改革的推动下，对教育教学体制的认知日益深化。教师作为关键因素，对提升教育教学质量至关重要。通过对自身教学能力和行为的不断反思，教师需要深入审视在教学过程中所做的决策及其后果。教师在教学中是主体参与者，其认知水平和观察水平直接影响教学行为。教学行为的改变与教师观察能力的提升密切相关。在英语教学中，教师通过不断反思自己的教学行为，推动个人教学能力的提高。通过教学研究，教师努力实现教学目标，规划、反馈、调控和改进教学行为，以期取得预期的教学效果。反思性英语教学作为一种教学模式，促使教育工作者结合实践经验和间接知识，形成新的职业能力，培养专业的英语教学素养。

二、反思性英语教学的意义

反思性英语教学为教师提供了发展的前景和规划。在自我教育和自我发展的过程中，教师通过不断调整教学方法和技能来提高素质，为教学发展开辟新思路和途径。教师需要关注自身存在的问题，仔细思考，从教学中常见的问题入手。通过不断调整教学方式和方法，思考为什么要成为英语老师，成为英语老师需要具备什么样的条件，以及如何用什么样的标准来衡量学生的学习。在整个教学过程中，教师需要综合多种评判方法，做出各种判断，进行思考和评价，形成新的教学方式和教学行为。

反思性英语教学具有多重意义。首先，它使教师在整个教学过程中能够不断发现问题，并对教学效果进行各种判断和评价。通过构建合理的教学评价体系，教师能够更全面地了解学生的学习情况，为教学调整提供依据。其次，反思性英语教学有助于教师凭借语言知识与能力提高教学质量与水平。即使教学效果不理想，通过采用反思性的教学模式，教师可以在教学过程中不断反思和思量，将教学有效性与实践性相结合，从而提高教学水平。最重要的是，反思性英语教学能够提高教学的合理性，为塑造一个成功的教学前景模式和构建稳定的教学体系创造条件。通过深入反思，教师能够更好地理解学生的需求，更灵活地调整教学方法，从而提升整体的教学质量。综合而言，反思性英语教学对于教师的专业成长和教学质量的提升具有积极的推动作用。

三、反思性英语教学理论重新定位与思考的实践应用

（一）在高校英语教学中应用反思性英语教学理论

反思性学习是一个完整的学习过程，而在高校英语教学中，行为研究作为反思性学习理论的重要方法，是从反思到计划，再到实施、观察和反思的一系列过程。在这个过程中，我们需要不断反思教学行为在高校英语教学中的应用情况。

通过对教学的观察，我们可以发现一些问题，然后思考解决方案。刚进入高校的学生可能会感到课程难度大、生疏的单词和提升英语能力的困难。教育工作者需要分析原因。研究表明，大多数高校的学生基础知识不够扎实，而英语学习需要掌握一定的学习技能。心理学的研究表明，在技能形成的过程中，学习者通常会遇到进步停滞的阶段。在这个时期，学生的学习可能会出现停滞现象。在进入高校后，学生尚未养成新的学习技能。

针对学生的学习状况和目前的学习能力，教师需要提出有针对性的解决措施，激发学生的学习动力。教师应该不断激励学生，引导学习成绩较差的学生通过勤奋来弥补不足，同时提醒学习成绩较好的学生不要骄傲。

一旦学生的学习兴趣提高，教师接下来的任务就是改变学生的学习思维。学生需要明白，进入高校，更多的是锻炼实际应用英语能力，而不仅仅是学习语法和句型。口语交际能力变得更为重要。一旦学生的学习思维发生变化，教师就需要指导学生采用良好的学习方法。学习是一个亲身经历和亲身体验的过程。学生需要掌握一些学习规律，例如将学习时间划分为不同的段落，这样学习效果更佳。学生的学习是一个不断实践的过程，教学设计需要具有特色，学生的学习才有意义。

（二）反思性英语教学理论在大学英语写作中的应用

反思性教学理论在大学英语写作中得到广泛应用。在大学英语教学中，采用过程教学法可以提高英语教学的效果。在完成单元课程教学后，教师积极反思教学活动，主要集中在以下几个方面。首先，教师需要反思课堂组织形式，包括课前准备、课堂写作阶段和教学结束阶段。在课前准备阶段，教师组织学生展开小组讨论，让他们全面、多层次地考虑英文作文的主题。学生讨论后，教师收集整理学生的观点，最终以整体纲要的形式展示。在课堂准备阶段，学生自由发挥写作，互相交换修改，不断丰富文章内容，使之符合题目要求。其次，教师在整个教学过程结束后，对整个教学单元进行总结与反思。这包括对教学步骤、教学时间与内容的合理性进行调整。然后，教师反思自己在教学中的角色。在大学英语写作的课堂上，教师和学生都是写作活动的主体。教师在其中扮演纠正、检查和指导的角色。最后，教师需要考察整个教学效果。这可以通过问卷调查的形式，调查学生的英语写作兴趣，观察学生在课堂上的表

现，以及在学生作文定稿后，判别他们的写作能力与趣味。在了解学生学习能力的基础上，教师应积极调整教学策略与方法，以达到更好的教学效果。通过与学生的互动，注重提问技巧和语言应用能力，教师不断反思教学手段，促使学生提高学习兴趣，提升英语写作能力和水平。

四、反思性英语教学理论的前景分析

反思性英语教学理论在教育改革中崭露头角，尤其在建构主义思想的大潮中，为教学提供了新的视角和方法。其重要性不仅体现在对教学目标的紧密关联，还在于促使教育者在实践中不断调整教学策略，提高学生的语言能力。随着认识主体的自我反思与认知结构的更新，教师的双重身份，既是教育者又是受教育者，使得他们需要不断地积极反思和监控自己的学习与生活，从而提升思维认识的深度。这一理论不仅在英语教学领域发挥着重要作用，也对其他学科的教学产生积极的影响，为学会教学与学会学习提供了价值导向。通过在教学实践中采用反思性教学模式，教师能更科学、合理地指导学生，促进整体英语教学水平的提高。在未来，反思性英语教学理论将继续在教育领域中发挥引领作用，为教学创新和提高学生综合素养提供更多可能性。

第四节　高校英语的情境教学理论

在当代社会，英语教育备受瞩目。然而，由于缺乏真实的语言学习环境，学生在英语学习中表现出被动性。许多学生花费多年学习英语，通过四六级考试，但却无法流利地运用英语与他人进行交流，普遍存在“哑巴”英语现象。英语作为一门交流工具，强调实践性，具有很强的情境性和实用性。然而，当前英语学习普遍依赖于死记硬背，学生虽然掌握了大量的单词和语法知识，却难以在实践中灵活运用。这种情况导致英语教学未能实现其真正的目标。

一、情境教学的含义

情境教学的核心在于教师创设具体生动的知识场景，激发学生主动学习兴趣，提高教学效率。在《教育大辞典》中，情境教学被定义为教师人为地创设含有真实问题或真实事件的教学情境，学生在解决问题或探究事件的过程中自主地理解知识或建构意义。总体而言，情境教学是指通过创设具体的教学情境，帮助学生更好地进行学习活动的一种教学方法。

情境教学理论强调知识与情境活动之间的动态相互作用，强调学习是情境性的过程。相较于传统的“填鸭式”教学，情境教学理论认为概念性的知识是一种工具，其

含义由所处的群体活动和文化背景共同决定。概念性知识只有在具体情境活动中的具体运用中才能被充分理解。知识的建构是通过个体与环境的交互作用而来，不同群体在不同情境下对同一概念的理解是不同的。知识并非抽象的概念，而是通过个体与环境互动构建的。

二、情境教学理论在英语教学中的意义

情境教学在英语教育中的意义不可忽视。无论是从教学还是学习的角度来看，情境都是不可或缺的。教育从产生的那一刻起，就与情境有着密不可分的关系。情境教学理论主张知识与情境活动之间存在动态相互作用，学习是情境性的过程。对于英语教育而言，情境教学理论具有重要的启示。

传统的英语教学往往将知识视为固定、静态的，主要通过教师的讲授和书面教材的学习来传递。然而，情境教学理论认为，知识具有情境性，即知识需要在具体的情境中学习和应用，而离开了具体的语言情境，英语知识就难以产生实际意义。因此，英语教学应该通过创设具体的语境，将学习者置于实际语言使用的情境中。

传统教学模式脱离了具体的语言情境，学习者获得的信息通常是肤浅、简化、刻板的，难以准确迁移到实际应用中。这导致了学习者能够通过考试，却难以在具体情境中灵活运用所学知识。情境教学理论认为，具体情境中的学习活动更为高效，并能够更灵活地应用于实际场景。相比之下，传统教学中灌输的知识往往被认为是“惰性知识”，在实际应用中难以主动运用。

情境教学理论将知识视为个体与情境相互作用的副产品，学习是个体、知识和情境三者交互作用的结果。通过情境教学，学习者能够在真实、逼真的环境中获取知识，提高分析和解决问题的能力。这种教学方法的引入有助于弥补学校教育中缺少实践的不足，让学生能够在真实的环境中更好地理解和运用所学知识。

三、情境教学的创设方法与策略

教学策略是教师在教学活动中选择和运用教学方法的操作指南，为教学行为提供了富有操作性的指导思想。传统的“填鸭式”英语教学方式由于缺乏英语情境的创设，主要依赖教师的单方面讲解和学生的被动记忆，学生难以有机会进行口语表达，导致难以充分满足英语教学对听、说、读、写各方面的综合要求。因此，在英语教学中，注重情境的创设变得至关重要。情境教学理论对教师的要求越来越高，教师需要构建能够反映教学目标和内容的情境任务。通过这些任务，教师能够评估学生的英语能力，进而提高和完善英语课程的教学工作。这种教学方式强调学习活动与具体情境的结合，使学生更好地理解和运用所学知识。在情境教学中，学生被置于实际语言使用的情境中，通过参与各种任务来提高英语能力，从而更好地实现教学目标。

（一）英语教学情境的创设方法

1. 联系实际生活，还原日常情境

在传统的英语课堂中，教师通常进行单调的讲解，这样的教学方式枯燥而难以记忆。学习与学习者的智力背景密切相关，与学习者熟悉的知识更容易掌握。因此，将英语知识与学习者的日常生活联系起来，有助于他们更容易理解和应用所学。教师应创造与所教知识相关的情境，贴近学生的日常生活，使学习变得更加轻松，也更有可能在实际中灵活运用。通过联系生活实际，学生能够利用已有的知识体验来理解新知识，这样的教学方法有助于加深学生对词汇和语法的理解和记忆。例如，教师可以设计与学生日常生活相关的情境，通过这些情境教学，学生能够更好地理解和运用所学知识，从而提高学习效果。

2. 利用现代多媒体技术创造情境

传统的课堂教学受到时空的限制，很多教学内容无法直接呈现给学生。随着计算机和网络技术的发展，多媒体教学成为现代课堂教学的理想选择。多媒体教学集文字、图像、声音、动画等多种信息功能于一体，为教学提供了更为丰富的手段，创造了更有利于学习者探索的开放性学习情境。在英语教学中，教师应充分利用现代多媒体技术创造教学情境。通过使用多媒体工具，如幻灯片、投影、录像、录音、计算机多媒体等，教师可以根据教学目标创造合理的英语语境。这些情境通过图像、文字、声音等手段激发师生的感官，再现日常场景，传递大量教学信息，激发学生的想象力和学习兴趣，优化课堂效果。例如，教师可以选取经典的英文原版电影片段，特别是其中的经典对白，通过这些多媒体材料，学生不仅能听到正宗的美式英语，还可以了解到一些常用的俚语和俗语。这样的多媒体教学不仅能够提高学生的学习兴趣，而且能够使学生更好地理解和运用所学内容。

3. 创建英语活动情境

让学生亲身参与教学活动有助于加深他们对教学内容的理解，并提高他们的英语交际能力。教师应创造相关的教学情境活动，使学生积极参与各种教学活动，如讨论、表演、趣味猜谜、答辩比赛、有奖抢答等。这些教学活动让学生在可见、可闻、可触、可学的情境中充分发挥多种感官的相互作用，创造性地运用所学英语知识，拓宽学习思路，提高他们的语言运用能力。例如，在进行商务英语的“公司简介”教学时，教师可以让学生分组创建自己的公司，讨论公司的名称、规模、经营范围等相关内容，然后每个小组派代表简要介绍自己的公司，同时其他小组充当评委，评选最佳公司简介。通过这样的情境创设，学生能够更具有开放性和实用性地学习“公司简介”这一教学内容，为他们提供更广泛的参与和思维拓展空间，激发学习兴趣，使课堂氛围更

加热烈。这种学习方式不仅激发了学生的学习兴趣，还大大提高了他们的语言运用能力。

（二）英语教学情境的创设策略

1. **构建“真实”的教学情境，保持真实性**

英语教学情境的创设应当反映现实生活中可能发生的情景，保持真实自然，使学生能够感受到情境的真实性和启发，从而能够自觉地运用相关语言知识。教师应该创造一个学习英语、运用英语的真实语境。在教室内，可以使用英语制作墙报、黑板报，贴上英语课表和英语格言。座位的布置可以选择半弧形或圆形，拓宽物理空间，以方便学生更好地交流和沟通。在户外，可以设立“英语角”。在家中，可以强调对各种物品英语名称的记忆，订阅英文报刊，多观看英文电视和电影，以加深学习英语的情境体验。

2. **打造“流畅”的教学情境，注重适度**

尽管多媒体计算机教学具有无可比拟的优势，但并非适用于所有情境，也不能完全替代传统的黑板和粉笔。教学媒体的使用应适度，以防分散学生的注意力。教师应根据教学需求选择合适、适度的教学手段。此外，如果教师在教学过程中不熟练操作各种教学媒体，未能及时传递教学信息，可能会干扰课堂教学，产生消极影响。

3. **创造“新奇有趣”的教学情境，注重创新性**

在创设各种教学情境时，应考虑到学习者追求新奇和好奇的心理特征，力求提高教学情境的趣味性和新奇性，丰富教学活动，吸引学生的注意力。生动、新颖、多样、有趣的课堂教学活动可以增加学生的学习兴趣。例如，可以在英语课前安排一些定期的英语活动，如考勤报告、对话表演、讲故事、小剧场表演等，这不仅丰富了课堂教学内容，还提高了学生的学习兴趣。

第五节　高校英语中介学习理论

英语教学中如何平衡教师和学生的作用一直是外语教学关注的焦点。Feuerstein中介学习理论强调了教师作为调解者的概念，强调教师的任务是赋予学习者促使进步、解决问题或进一步学习所需的知识、技能和策略，旨在帮助学习者成为自主学习者，掌握自己的学习，从而培养独立的思考者和问题解决者。中介学习理论的核心和其12种特征为英语教学提供了重要的启示和新原则。在中介学习理论的视角下，英语教学的基点放在学生身上，同时强调教师至关重要的中介调解作用，有助于培养学生成为自主学习者，提高他们的可持续英语学习能力。

一、中介学习理论概述

中介学习体验理论（The theory of mediated learning experience，MLE），又称为中介学习理论（Mediated learning experience），是由以色列心理学家 Feuerstein 于 20 世纪 40 年代末提出的理论，已在许多国家的教学实践中得到广泛应用。Feuerstein 与其团队建立了国际学习潜能强化中心（ICELP），在英国、加拿大、美国等国设立了 45 个 ICELP 分支机构，开展培训、研究和服务工作。

Feuerstein 认为，孩子的学习从出生开始就受到成人的介入和调解，成人提供给孩子的这些经历被称为介入式或调解式学习体验。父母和教师等成人通过选择和组织对孩子有益的经验，影响孩子早期对外界刺激的反应，并通过解释鼓励孩子选择有益或适当的反应方式。与皮亚杰认为孩子按照自己的节奏自主学习的观点不同，Feuerstein 强调了重要的成人介入，特别是在认知发展方面发挥了关键的主导作用。他承认了学习者在父母和孩子的互动学习中的重要作用，但并未明确指出学习者在这一互动学习中的具体作用。

教师作为调解者的概念与教师作为知识传播者的概念不同。首先，教师作为调解者强调赋予学习者推动进步、解决问题或进一步学习所需的知识、技能和策略。教师的目标是帮助学习者成为自主学习者，掌握自己的学习，从而培养独立的思考者和问题解决者。其次，教师作为调解者强调介入者和学习者之间的互动关系，鼓励学习者积极参与学习过程。最后，教师作为调解者突显了师生之间的相互性，即学习者对教师的意图有积极的回应。

中介学习理论具有以下几个重要特征。Feuerstein 认为，为了提供对学习者具有真正教育意义的学习体验，中介学习体验教学应具备 12 种特征，其中有三点适用于所有学习任务。如果教师能够帮助学习者建立起其他九点特征，将有利于加强学习体验的重要性。这些特征包括：教师必须让学生意识到学习任务的重要性和其对他们的影响，以及这些学习任务具有的更宽泛的文化意义。学习者必须意识到当前学习经验不仅即时即地地对其具有影响，而且对其具有长远的影响。教师呈现学习任务时，必须目的明确，且学习者能够理解和回应该意图。学习者认为自己有能力成功地应对任何特定的学习任务。学习者有能力掌控、调解自身学习和思考的行为。学习者有能力设立现实的学习目标，并能制订计划实现它。有应对挑战的内在需要，并积极寻找生活中的挑战。学习者明白人的变化发展，并能依靠自身识别或评估这些变化。学习者认为即使面对看起来不可解决的疑难问题，他们也有可能找到解决方案。学习者互相合作，认识到有些问题同伴合作更容易解决。帮助学习者认识到他们的个性和独特性。学习者建立属于某个群体和文化的归属感。Feuerstein 认为适用于所有学习任务的特征为前三点，即重要性、超出“即时即地”的长远目标、分享达成的意图。

二、中介学习理论视域下英语教学的原则

在中介学习理论的框架下，英语教学的原则可以总结为三个核心要点，这也是Feuerstein认为高效教学的关键原则，同时也是中介学习理论对英语教学的重要启示。如果教师想要应用中介学习理论指导英语教学，就应该遵循这三个重要原则。

首先，师生之间必须建立起良好的信任关系，以便进行有效的沟通和交流。教师在选择教学活动时，必须向学生明确解释其目的和意义。一旦学生理解了教学活动的价值，就更容易全身心投入到学习任务中。在教学实践中，有许多学生因为不理解教师安排或布置的学习任务对他们自身的意义而产生抵触情绪，因此建立有效的沟通机制至关重要。

其次，教学的主体是学生，他们应该学会承担对学习的责任。教师的任务是协助学生学会自主学习，培养他们的思考能力，使其成为独立的思考者。学生需要具备独立分析问题、判断问题和解决问题的能力，这要求教师在教学中鼓励学生通过自主思考来发现问题的答案。同时，教师还需要传授学科学习的策略，尤其是在英语教学中，帮助学生掌握语言学习的规律，使他们真正成为自主学习者。

最后，教师应该鼓励学生之间的生生学习和合作学习，而不是竞争关系。在现代社会，强调合作与共赢的理念已经成为主流，学校教育也应该倡导学生之间的合作。生生学习不仅是教学生命力的源泉，而且有助于培养学生的团队合作能力，适应未来社会的发展趋势。

第四章 跨文化交际与英语教学的融合

第一节 跨文化交际与英语教学

我们正生活在一个文明、不断进步、国际化的新时代。在教育领域，我们需要改变过去的传统观念，拓宽我们的视野，放长远眼光。自改革开放以来，我国发展迅猛，许多产品出口到国外，同时也引进了许多新事物。因此，我们需要加强自身文化素养，以与时俱进。

英语作为一门与我国五千年历史文化迥异的西方语言，拥有独特的语言习惯和表达风格。在很多情境下，英语可以传达多重含义，如果用我们自己的思维方式去理解英语，可能会产生差异。因此，我们需要更深入地了解英语的文化背景，以更好地适应和理解这门语言。

一、了解西方文化能更好的学好英语

（一）要学好一种语言，就要了解它的文化

了解西方文化是学好英语的关键一步。学习一门语言，特别是对于不熟悉的语言，需要深入了解其文化。俗话说，“知己知彼，百战百胜”，这同样适用于语言学习。只有通过了解英语的语言文化、历史文化、语言习俗等，我们才能更轻松地学好这门语言。研究文化是为了在学习外语时打下坚实基础，通过理解外语，我们也能更好地理解其生活习惯，使学习变得更为顺利。很多同学反映在传统的死记硬背方法下难以记住英语单词和表达方式，这可能是因为缺乏对英语文化的深刻理解。而学习一门语言并不仅仅是记忆单词，更是理解其背后的文化内涵。当我们对一个国家的文化有了更深的认识后，对该国家的一切都不再感到陌生，与之相关的学习也变得得心应手。通过深入了解文化，我们能更好地理解英语传达的信息，从而在学习中游刃有余。

（二）符合时代发展的要求

英语已成为全球通用的语言，随着社会的发展，国与国之间的交流变得更加频繁。在这个时代，学好英语是符合时代发展要求的需要。英语作为各国交流的重要工具，

对于广泛的文化、科学技术交流至关重要。因此，学好英语不仅仅是个人需求，更是社会需求。在科技发达的今天，英语作为一门全球通用的语言，在国际间的交流中起到了不可替代的作用。因此，我们有必要将英语学得更好。通过学好英语，我们可以更好地参与到国际交流中，更好地理解其他国家的文化和科技发展。英语的学习已经不仅仅是一种个人技能，更是与时代发展相适应的必然选择。在这个信息爆炸的时代，掌握英语是获取更多知识的一把通行证。因此，学好英语对于个人发展和社会交流都至关重要。通过了解英语相关的文化知识，我们可以更好地融入跨文化交流，更好地理解他人，也更好地表达自己。

二、培养学生跨文化的学习习惯

（1）学习英语要从日常用语入手。日常用语是一个国家文化的基石，通过学习这些用语可以深入理解其文化内涵，有助于语言学习。这包括个人的生活方式、兴趣爱好、习俗等基本常识。通过与母语进行对比，并找出它们之间的差异，有助于增强记忆和理解。通过比较和分类等方法，还能够提高学生对英语学习的兴趣，调动他们的学习热情。在说英语时，要注意正确的发音，语速适中，表达要带有感情。由于英语知识点繁多，在学习过程中，务必做好笔记，分门别类地记录重点和难点，然后进行反复复习。词汇是构成英语句子的基本单元，积累了丰富的词汇，才能为以后的英语句型训练打下坚实的基础。

（2）在英语句子中，主语和谓语的语法顺序与汉语不同，每种语言都有其独特的难点，因此在学习英语语法时，需要注意分析其语法特点，而不是简单地套用汉语语法。这是许多英语初学者常犯的错误。只有通过多观察、多听力、深入了解语法，才能掌握英语语法的要领。如前所述，英语中有单数和复数的区分，例如“面条”，在英语中是不可数名词，而在句子中要用单数形式。在中文中，通过声调的辨认可以准确读出文章，而在英语中，最基本的是要掌握音标。此外，英语还有多种时态，如现在式、过去式、将来式等。学习英语是一个逐步深入的过程，在这个过程中需要足够的耐心和努力，结合正确的学习方法，才能有所收获。因此，不论面对何种困难，都要坚持不懈，不能半途而废。在学习新知识时，务必进行复习，以防遗漏。在业余时间，多阅读英语相关的书籍，找到适合自己的学习方法，并做好笔记，与同学们交流，分享学习心得，从而实现学好英语的目标。为了取得进步，必须设定明确的学习目标，激发学习兴趣，每天都有一点点的进展。知识的学习是一个渐进的过程，没有捷径可走。

三、以文化为基础的英语教学

（1）为了方便记忆，可以用汉语解释英语词汇。刚开始学习英语的初学者通常会使用汉字解释词汇的意义，以帮助记忆，同时增强中英文之间的相互促进效果。

（2）以中文指导英语教学。尽管各种文化各有独特之处，但它们之间存在内在联系。通过用中文方式解释英语知识，可以使学生更清晰地了解，增加趣味性，提高英语学习的兴趣。所有的知识都可以相互交流，有区别也有联系和影响。因此，在英语教学中，我们可以充分利用这一特点，让学生在英汉两种文化的交流中相互提高、相互学习。

（3）多听、多写、多说、多读英语。在日常学习中，可以多听英语，多写英语，多说英语，多读英语的书籍。在周末或者假期时，观看与英语相关的影片，采取多途径学习英语。在课外作业中，可以安排一些与英语相关的文章，用所学英语知识与同学们一起讨论趣闻轶事，这样能够实际体现英语学习。

（4）进行英语对比学习。通过对比学习，激发学习兴趣。正如前文所述，英语与汉语在语法、单复数表达、时态等方面存在较大差异。通过比较，我们可以发现学习过程中的差异，并提高学习方式。可以选择一个段落，以英语方式表达，训练英语运用技巧，提升英语写作技能。

（5）安排以学习英语为目的的汉语课程或教材。在英语学习过程中，可以将其中的难点和要点，用汉语编写成书籍，以便更好地教学和学习，巩固知识。

四、把英语的跨文化学习带到实践中

（1）在日常教学中，常常播放有关英语的本土影片，以帮助学生更好地理解英语的历史、发展和生活习惯。还可以安排学生参加英语方面的课程，提升英语水平。观看影片时要留意英语词汇的发音和语法的使用，特别关注影片中角色的对白。

（2）利用所学知识，在老师的指导下，讨论英语国家历史上发生的事件，表达个人观点，并与正确观点比较，进行同学间的讨论，实现英语教学中的跨文化交际。通过这种方式，可以使学生对英语课程有更深层次的理解，激发更多的兴趣。

（3）组织一次对西方文化的模拟培训。在活动中，由主办方组织同学们通过当地文化，了解其他国家文化在人物身上所体现出来的性格、爱好、思维方式等展示。同学们可以体会到在不同文化背景下，人们的个性特征，更好地了解跨文化的知识，并在不同文化之间进行对比。

（4）从行为层面进行跨文化操练，提升个人素养。在深入了解不同文化后，学生可以借鉴他们在跨国文化中所拥有的优势，并结合自己的文化素养，分析优劣势，吸取好的方面，提高文化素养，对跨文化交际产生积极影响。

（5）在不同文化背景下模拟体验，使同学们感受到不同文化的优势。组织者可以创造一个类似于跨文化的情境，在其中设置一些问题，让参与者运用跨文化知识完成任务，组织者可以给予建议和帮助。

（6）如有必要，进行实际的跨文化交际。这种观念应与现实相结合，在条件允许的情况下，实现实质性的跨文化交流。

跨文化交际是社会发展的必然趋势，将这种文化知识应用于英语教学中，是这种交流方式的一种体现。通过英语教学倡导跨文化教学，能使学生更深入地了解英语国家的人文历史、生活风俗等，增强对不同语言文化的理解，提升文化素养。在这个广大的“地球村”中，文化交流能力的加强是我们不断发展的必经之路，也是实现全面发展的关键。

第二节 跨文化交际能力与英语教学的融合

随着全球化的不断深化，培养学生的英语应用能力和跨文化交际能力变得愈发重要。特别是在中国提出“一带一路”倡议的时候，这种能力更显得迫切。这不仅有助于推动国家经济的发展，也为世界文化的交际与传播搭建了桥梁。老师在教学中确实需要选择适合学生的文化比较材料，以便更好地激发学生的兴趣，增强他们的学习动力。灵活运用各种教学手段，包括现代科技工具，能够使跨文化交际的学习更为生动有趣。此外，积极构建跨文化交际的资源网络，为学生提供更广泛的学习资源，可以更好地满足他们的学习需求。

一、跨文化交际能力培养中存在的问题

（一）缺乏对跨文化交际能力的重视

当前，中学和高等教育对跨文化交际的关注程度仍然不足。据孟丽君观察，“学生对跨文化交际缺乏主体意识，而教师也未能给予足够的重视。”在这种教育氛围中，学生的跨文化交际知识匮乏，交际能力与社会需求脱节。

（二）跨文化交际能力培养面临挑战

首先，高校英语教学未充分关注学生的跨文化交际能力。大学英语课程主要旨在提高听说读写水平，而忽略了对跨文化交际知识的教育，影响了学生的交际能力。其次，传统的英语教学注重提高听说读写翻译技能，而忽视了跨文化交际内容。教材通常只涉及课文内容，强调词汇、语法和句子结构的分析，而较少涉及跨文化交际。

（三）教师自身跨文化交际能力有限

很多教师缺乏跨文化意识，更不具备对学生进行跨文化教育的能力。在英语教学中，一个问题是如何提高学生的外语水平和跨文化交际能力；另一方面，大多数英语老师缺乏海外生活经验，很少有国际交际机会。

（四）缺乏跨文化交际知识的资源库

目前采用的教学方式是课堂教学和在线教学相结合。尽管有老师在课堂上传授跨文化知识，但在线学习资源并不足够满足学校的教学需求。

（五）缺乏真实的跨文化交际环境

大多数学生主要与同学和老师交流，缺乏与外国老师交流的机会，更谈不上在工作中进行跨文化交际。武真真强调“在大学教育中，应该创造一个良好的学习氛围，使学生能够更好地运用语言，解决他们的就业问题。”

二、培养和提高学生跨文化交际能力的途径

（一）丰富课程设置，增加跨文化交际内容

为满足学习需求，课程设置可以分为必修、后续和选修课程。通过必修课程，学生能够了解西方国家的政治历史、生活礼仪等，掌握基本社交礼仪。对于需要强化跨文化交际能力的学生，可以设置为期一至两个学期的课程，使其具备较强的跨文化交际能力。对于对跨文化交际需求不大的学生，可通过选修课程学习外国基本知识。

（二）改变传统教学方法，运用多种教学手段

采用案例分析法强调两国文化之间的差异，通过具体例子让学生理解，如中美文化在夸奖上的差异。创设交际情景，让学生在实际情境中进行英语会话练习，培养他们的跨文化交际能力。将跨文化知识融入英语教学，结合听说读写等方面，使学生更好地理解跨文化交际。

（三）提升教师教学和研究能力

教师需要不断学习跨文化交际课程，可以参加相关培训或进修，深入学习中西文化差异，提高自身跨文化交际意识。建立跨文化交际的研究组，集中力量研究工作场所和日常生活中的交际问题，相互学习提高科研水平。

（四）建设跨文化交际资源

选择合适的教学材料，增加跨文化交际的内容，使教材更符合学生需求。成立短片小组，制作有关跨文化交际的短片，作为教材延伸，也可以在学习平台上发布。通过移动终端推送学习资源，利用微信小组搜集有关跨文化交际的资料，方便学生随时学习。

（五）培养学生实践和研究能力

进行跨文化交际的仿真实验，让学生在真实情境中体验交际方式的差异。培养学生进行跨文化交际的科研能力，通过调查等方式深入了解跨文化交际中的有趣问题，写作短文提高科研水平。在学生与教师之间加强合作，通过研究跨文化交际能力，提升学生语言技能和文化知识，使其更好地应用于未来工作中。通过跨文化交际的研究，将高校英语从单一的语文课转变为综合性课程，使学生能够更全面地学习语言、交际技能和外国文化。

第三节 跨文化交际教学中英语本土化的重构

一、跨文化交际教学中英语本土化的重构

在跨文化交际教学中，英语本土化认同的冲突是一个较为普遍的问题，这对于跨文化英语的教学造成了不小的影响。通过对比中美两国学生在不同文化背景下，如何在各自文化环境中重新构建英语的民族认同，进而探讨在高校英语教学中如何实现英语认同的问题。

随着我国对外开放的不断深化，越来越多的人和事物进入我们的视野，为与西方世界进行交际提供了机遇。这是一个好消息，但也不容易。在进行跨文化交际时，我们面对着多种文化、生活方式、思维方式和人际关系，这可能导致在交际过程中出现本土化和身份颠覆的现象。为了解决这一问题，交际者需要清晰地认识到，不仅要准确理解自己国家的语言交际规范，还要全面了解自己国家语言交际的文化习惯以及形成这些文化的社会环境。只有这样，我们才能确保交际的成功进行，而不会引起文化冲突。因此，高校英语教师在英语教学过程中必须重新塑造自己的本土化身份，使学生能够以中国国名的身份巧妙、流利地使用英语，并具备进行国际交际和合作的高质量、跨文化、高水平、有能力、有文化背景的素质。

（一）文化冲突现象的具体体现

从时间的角度来看，西方人对时间的看法与金钱有关，他们非常重视时间，将其视为金钱，并进行详细的时间规划。在西方文化中，如果想要拜访别人，必须提前安排，经过双方商议后才能见面。相比之下，中国人对时间的概念似乎更为灵活，我们并没有像西方人那样严格的时间安排，因此，西方人可能难以适应中国人的时间观念。

在私密方面，中国人注重集体和团队精神，倡导互助和团结，喜欢倾听他人的心声。为了表达对对方的关心，中国人可能会询问一些私人问题，如年龄、收入、婚姻

状况等。然而，西方人视他人询问个人问题为侵犯隐私，并且不愿意被询问私人问题。

在教育领域，中国家长通常对子女寄予极高期望，将他们视为自己的私有财产。因此，他们会干涉孩子的一切行为，并要求他们按照期望的方式成长。在这种环境中长大的孩子可能失去独立精神和自由意识，完全依赖于父母提供的物质条件，无法承受挫折。相反，西方国家对中国式的教育模式感到困惑，他们认为孩子是独立的个体，应该从小培养他们的独立思考能力。在西方国家，年轻人通常在18岁后可以独立自主，无需再依赖父母的援助。

（二）英语本土化身份的必要性

英语的中国化能够满足中国对外交际的需求。英语作为一种交际工具和跨文化交际媒介，被来自不同国家和文化背景的人广泛使用。如今，英语不仅仅是英国和美国的专有语言，而且在全球有多种使用方式。因此，中国人学习英语不仅是为了与英美人交流，还包括与其他国家的人交往。在这种情况下，使用美国英语或英国英语可能不够合适，不仅可能引起疑虑，还容易得罪人。目前的形势表明，无论是美国英语还是英国英语都不再是占主导地位的语言，我们同样可以用适合自己的语言表达。实际上，英语只是一种工具，用来向外国朋友表达观点、传播本国文化，而外国朋友更关注我们的观点和引入的文化，而非使用的语言。英语作为国际性语言，既满足人们对语言理解的需求，又由于语言差异保留了语言与文化的差异，维护了语言与文化之间的差异。当一个人进行国际交际时，他使用英语表达自己的意见，但更多的是代表他所属国家的本土化英语。

中国化英语的应用维护了民族的尊严。在国际交际中使用英语，不仅可以保留我们国家的价值观和文化特色，还可以维护我们国家的独立性和自尊心。语言不仅仅是一种工具，更是一种用于交际的载体。语言作为一种表达文化特征、政治内涵、价值观念等的工具。当一个人盲目崇拜一种语言时，他可能在潜意识中受到该语言所体现价值观的影响，产生一种认同感。然而，我们不希望看到我们的学生为追求纯粹的英语而改变自己的价值观。

（三）跨文化视角下重构英语本土化身份的策略

在高校英语教学中，我们要注重培养学生的本土化英语表达意识，让他们更好地适应国际交际的需要。老师在传授知识和进行交际时，应避免过度使用美国和英国英语，而是积极引导学生接触当地英语，特别是汉语英语，以帮助他们在国际交际中取得成功。在课堂上，老师可以组织学生进行听力训练，通过人物对话让学生熟悉各种口音和语言表达习惯，让他们更深入地了解语音差异和习惯。此外，鼓励学生在口头表达时不拘泥于英国英语或美式英语，而是多样化运用英语，更好地表达中国独特的文化元素，以增强他们的文化底蕴，使他们能够灵活运用中文英语，并加深对英语本土化的认识。

在教学方法方面，要充分挖掘中国大学生的语言特征，通过多种方式使他们更好地适应实际需要。比较法是一种有效的方法，将中国文化融入英语教学中，合理安排教学内容，帮助学生比较中西文化的异同。通过这种方式，学生能够更深层次地了解自己国家和其他国家的文化。在教学过程中，老师可以让学生在不违背英语语法的情况下，用英语表述具有中国特色的事物，以增强他们对本土文化的表达能力。

教学目的在于培养学生不仅能传达信息，而且能通过语言让他人了解己方的文化和思维方式。考虑到不同文化背景下的差异，跨文化交际的目标并非仅仅了解交际对象，更在于进行文化分享并对其进行文化影响。即使一个人能够流利地使用英语，但要成为成功的交际者，至少需要在不同文化之间进行交际。例如，长期生活在国外的中国人，虽然英汉双语都很流利，但回国后却可能感到与中国人格格不入，因为他们缺乏对中国文化的理解，只具备语言上的技能。因此，高校英语教学需要超越固有的“一路向西”范式，更多地站在本国的立场上，使英语更具有本土性。

在教材内容选择上，应遵循规范和适度的原则。传统英语教科书以英美文化为主，充满异域情调，但这种教材可能使学生变得“外国化”而失去自身特色。因此，在选择教材时，不仅要考虑目标语言的文化，还要考虑学习者自身的文化。将中西文化视为一个有机整体，教科书中应该更多涵盖中国文化，以英语国家的风俗习惯为主题。通过这种方式，不仅可以缓解中国文化的“失语症”，还可以使学生更深入地了解英语国家的文化，重新构建英语的本土化认同。综合来看，英语教科书的内容应满足几个方面的要求：首先，作为以英语为母语的文化素材，应以学习者自身的文化为基础；其次，译文中涉及的语言文化应将英语国家的文化纳入考虑；最后，国际目标语的文化资料应以英语以外的其他国家文化为主体。英语教科书既要体现英美文化，也要展现世界上最先进的文化，其中也包括中华文化，从琴棋书画到诗词歌赋再到中国古典艺术和著名典故，都是丰富的素材。

英语在中国得到了广泛的应用，中国的语言和文化逐步融入英语中，使得英语表达具有鲜明的中国特色，丰富了其内容。在当前国家急需一种通用语言的背景下，英语国际化和本土化的趋势使得英语在全球范围内备受关注。因此，在高校英语教学中，老师们需要关注英语在不同文化和语言背景下的运用和发展，努力实现对国际英语的本土化，创造具有鲜明国际特色的新的英语教学模式。因此，我们迫切需要加速英语教学改革，以培养学生的英语运用和跨文化交际能力为目标。通过英语学习，实现英语的本土化，才能提高英语学习的质量，使其更符合当地的语境和需求。这样的努力将有助于推动英语在中国的深度融合，为学生提供更富有创意和实用性的英语教育。

二、跨文化意识的提高

目前，我国英语教学存在一个问题，即在文化意识的教育方面缺乏明确的指导，最多只是简单地对比中英两种语言的异同。在教学过程中，教师也往往忽略了对学生文化意识的培养，导致影响学生在跨文化交际中的表现。因此，本节从英语学习的必要性、方法以及需要注意的几个问题出发，探讨了如何更有效地培养跨文化意识，在英语学习中更好地进行跨文化交际。

（一）培养学生跨文化意识的必要性

首先，随着21世纪社会的迅猛发展，地球看似越来越小，人们之间的跨文化交际变得日益频繁。在这个背景下，了解不同文化成为一项迫切的需求。在英语教学中，文化不仅仅指语言，还包括英语国家的历史、地理、风俗、生活方式和价值观念等方面的内容。因此，培养学生的跨文化交际意识和能力成为应对社会发展需求的重要一环。

其次，我国英语教学亟需改革。传统的知识传授偏重语法学习，忽视了学生综合应用能力的培养。英语教育长期以来更注重知识的灌输，而忽略了如何培养学生的跨文化意识，以及如何将英语知识转化为实际的交际技能。因此，新的英语课程标准强调在学习中拓宽文化视野，培养学生对不同文化的认知，以提升他们的跨文化交际水平。

第三，语言本身的本质要求文化观念的渗透。语言是文化的载体，不能孤立地传播和教育。在英语教学中，将文化观念融入学习和交际的过程中，通过语言体现文化的特征，是非常必要的。只有结合语言和文化，才能更好地教好英语，使学生更好地学好英语。

最后，英语作为国际性的工作语言，已经成为人们生活中不可或缺的一部分。大量学术文章以英语为主要出版语言，网络上也广泛使用英语。因此，培养学生的跨文化意识，增强他们的英语交际能力，为他们提供更广阔的发展空间，成为应对生存和发展的必然需要。

在这一过程中，学生不仅可以避免因文化差异导致的交际障碍，还能通过英语这一工具，深刻理解异域文化的精髓，成为我国跨文化交际的有力推动者。

（二）培养学生跨文化意识的途径和方法

1. 利用课堂介绍文化背景知识

在课堂中，教师可以通过介绍与所学内容相关的英语国家的文化背景知识，引导学生更深入地理解课文。这可以包括历史、社会制度、风俗习惯等方面的信息。教师在教学过程中应注重将文化内涵融入阅读活动。通过讨论英语国家的特色、习惯和价值观，学生能够更好地理解阅读材料，并将语言学习与文化背景相结合。

2. 课堂交际，使交际运用与文化学习相结合

教师应努力创造与真实生活相似的交际情境，让学生能够在语境中体验英国的语

言和文化。通过模拟真实对话、角色扮演等活动，学生能够更自然地应对不同文化的交际挑战。在交际过程中，教师可以引导学生对比英国文化与他们自己国家的文化。通过这种对比学习，学生能够更全面地了解不同文化之间的差异，从而增强他们的跨文化交际意识。

3. 大力加强对学生语言能力的训练，把跨文化意识的培养与语言能力的训练密切结合起来

从语言训练来说，教师可以从四项基本技能入手，把文化意识的培养与语言技能的训练相结合。

（1）阅读技能训练。鼓励学生阅读外国名著，如《简·爱》、《乱世佳人》、《三个男人在船上》等，以提升他们的阅读水平。通过经典作品，学生能够深入了解英语国家的文化、风土人情，培养他们对不同文化的理解和认知。同时，进行阅读理解方面的培训，促进学生的语言技能和文化意识的双重提升。

（2）听力技能训练。利用网络资源下载相关教材，如美国总统选举演讲、对9.11事件的悼念等，进行听写练习。购买英语录音材料，让学生在真实语境中感受外国文化，提高他们的听力水平，同时培养跨文化交际能力。

（3）写作技能训练。在教学中主动引导学生比较中西方文化，关注在称呼语、问候语、感谢语、谦虚语、赞扬语、关怀语、谈话主题、价值观等方面的差异。学生可以将这些对比应用到写作中，使其作品更具跨文化意识，达到学以致用的目的。

（4）口语技能训练。通过组织英语角、举办英语晚会、排练英语短剧等活动，创造各种真实的语言情境。让学生亲身体验不同文化的语言运用，从而更好地将文化知识应用于实践，提高他们的口语表达能力。

这些方法将语言能力的培训与跨文化意识的培养有机结合，使学生在语言学习的同时更深刻地理解和融入英语国家的文化。这种紧密结合的教学方式有助于学生全面提升语言技能，同时培养跨文化交际的综合能力。

（三）培养学生跨文化意识应注意的问题

1. 注意实用性

英语教学需要紧密结合《英语课程标准》，确保学生不仅能理解语法知识，还能在实际生活中运用英语表达自己的情感、关切，进行实际的交际。教师应该传授学生如何用英语进行拜访、回应他人的称赞，以及解决日常生活中的实际问题。通过教学，学生能够学到在英语国家中如何有效地沟通和应对各种情境。

2. 注重阶段性

在英语学习初期，考虑到学生的词汇量和语言表达能力较弱，教师应该侧重传授

基础的、常用的语言表达方式。例如，在教学中，可以教授英美文化中拜访他人的礼仪，如何提前通知被看望者，约定见面的时间和地点等。相比之下，在中国，熟人和朋友之间的往来通常不需要提前通知。随着学生能力的提升，教育过程应逐渐深入，进入中高级阶段时，教学内容要注重传授更深层次的跨文化交际知识，涉及到价值观念、宗教信仰等方面的内容，使学生在不同文化背景下更为自如地交流。

3. 注重增加背景知识

在教学中，教师可以通过加入与教材内容相关的背景知识，引发学生的兴趣和好奇心，同时深化他们对教材的理解。例如，在探讨文化差异时，可以通过介绍肢体语言的不同来生动地展示中西文化之间的差异。举例来说，中国人跺脚可能表示愤怒，而美国人可能表示不耐烦。通过这些实际的情境展示，学生可以更生动地理解文化差异，为跨文化交际提供更具体的参考。

4. 改变思维方式

跨文化交际中，思维方式对于交际效果起着关键作用。中西文化的不同可能导致交际障碍和误解。在英语教学中，教师应当不仅关注语言知识的传授，还要注重文化知识的渗透。教学过程中，要引导学生关注不同文化之间的差异，以及这些差异对语言学习和交际的影响。这有助于学生在实际生活中更加准确地运用语言，避免文化差异带来的误解和困扰。

在英语教学中，培养学生的跨文化交际能力需要全方位的教育，包括语言知识、文化知识以及思维方式的培养。通过专业学习和知识拓展，学生可以更好地应对不同文化之间的交际挑战，为培养 21 世纪的合格人才奠定基础。

第五章 跨文化背景下的英语教学改革

第一节 跨文化交际视角下英语教学的意义与作用

全球化的趋势确实让跨文化交际变得更加重要。使用英语不再只是简单地传递信息，而是需要更深层次的理解和应对不同文化之间的差异。这不仅体现在语言上，还包括对待问题的思维方式、价值观等方面。在这个过程中，各种多样化的英语变体也充实了语言的表达方式，让交流更加灵活多样。在这个大背景下，跨文化交际的重要性就凸显出来了。要想成功地与来自不同文化背景的人进行沟通，不仅需要语言上的灵活运用，还需要对对方文化的了解和尊重。这也促使我们在英语教学中更注重培养学生的跨文化交际能力，让他们能够在全球范围内自如地交流和合作。这个话题还涉及到语言的本土化和国际化，不同地区使用英语的方式和表达都有所不同，这也是英语变体的一部分。在这个多元化的语境下，我们可以看到语言的活力和适应性。

一、大学英语教学中渗透跨文化交际的意义

（一）语言水平和交际能力

在语言水平较低的初级阶段，学生可能主要关注语法和基础词汇的学习。此时，引入一些简单的跨文化交际元素可以激发学生的兴趣，使他们在实际语境中应用所学语言。随着语言水平的提高，学生开始进入中级阶段，这时可以引入更复杂的跨文化交际场景，包括模拟真实生活中的交际情境。这有助于培养学生的口语表达能力和实际交际技能。在高级阶段，学生的语言水平已经较为熟练。这时，可以通过深入的跨文化学习，包括文化差异、社会礼仪等方面的内容，提高学生的综合交际能力，使他们能够更自如地应对国际化环境。

（二）文化意识与社会适应力

在初级阶段，引入一些简单的文化元素，比如不同国家的风俗习惯、传统节日等，有助于学生对外部文化有初步的认识。这培养了学生的文化兴趣，为后续学习奠定基础。中级阶段可以逐步深入文化差异的学习，包括沟通风格、价值观念等方面。学生

能够更加深入地理解不同文化之间的异同，培养跨文化理解和包容心态。在高级阶段，可以通过深入的跨文化研究，包括文学、历史、艺术等方面，提高学生对于文化的深度理解。这有助于培养学生的社会适应力，使他们能够更好地融入不同文化背景的社会环境。

（三）国际化背景下的职业素养

在初级阶段，引导学生了解全球化对各行业的影响，培养他们的国际视野。这有助于激发学生对于英语学习的实际需求和动机。中级阶段可以通过职业英语的学习，结合相关行业的国际实践，使学生了解并适应国际职场的交流环境。这有助于提高学生在职业领域中的竞争力。在高级阶段，可以进行更加专业和实践导向的职业英语培训，包括模拟国际商务谈判、跨国公司管理等情境。这有助于培养学生在国际职业领域中的全面素养，使他们能够胜任复杂的跨文化工作环境。

通过以上的层次论述，可以看到在大学英语教学中渗透跨文化交际的意义是多层次、多维度的。这种综合性的教学有助于培养学生更全面、更深入地理解和运用英语，提高他们在跨文化环境中的综合素质。

二、大学英语教学中渗透跨文化交际意识的现状

（一）语言文化的认识错误

在初级阶段，学生可能更容易出现基础语法和词汇的混淆，比如直译汉语成分的错误，如“open a party”直译为“开一个聚会”。这反映出学生对于英语的表达方式还停留在中文的思维模式下。随着学习的深入，学生在表达情感和态度时，可能会出现更为微妙的差异。例如，在介绍家庭成员时使用“have a sister”可能涉及到姐姐和妹妹的区别。学生在这个阶段需要更深层次的语言文化理解，以避免造成交流误解。在高级阶段，学生应该能够更准确地运用正式和非正式语言，避免中文化的表达方式直译到英文中。通过系统学习英语的习惯表达方式，学生可以提高在不同情境下的语言运用能力。

（二）对话文化的认识错误

在初级阶段，学生可能更容易犯一些基础的礼貌用语错误，如在问候时使用“teacher”而不是更合适的“sir/miss”。这需要对英语中常见的对话文化有更深层次的理解。中级阶段的学生在编写对话时可能会用中文的表达方式，导致句子结构不符合英语的语法规范。这需要通过模拟真实对话情境和语境，培养学生更贴合英语文化的对话能力。在高级阶段，学生需要更细致地了解不同场景下的对话文化，包括正式和非正式场合的用语差异。通过对实际对话的深入分析和模拟练习，学生能够更自如

地进行跨文化交际。通过对不同阶段学生在语言文化和对话文化中可能出现的错误进行分析，可以有针对性地进行教学，帮助学生逐步纠正中文思维模式对英语学习的影响，提高他们在跨文化交际中的准确性和自信心。

（三）非语言文化的认识错误

在初级阶段，学生可能将中文中常见的话题、建议直接翻译到英语中，而不考虑西方文化中的禁忌话题。例如，对年龄和健康问题的提问可能会让西方人感到不适，因为在他们的文化中这被认为是不礼貌的。中级阶段的学生可能意识到非语言文化的影响，但仍然在交流中出现偏差。他们可能过于关注中文文化中的礼貌和关心，而忽略了西方文化中的个人空间和隐私。在高级阶段，学生需要更深层次的理解西方文化的非语言交流规范。这包括在交流中更为自然地处理与年龄、健康相关的话题，以及灵活运用西方文化中的礼仪和表达方式。

（四）情感方向的认识极端

在初级阶段，学生可能对于不同国家的文化持有极端的情感观念，倾向于只接纳中国文化或者只喜欢外国文化。这反映出学生对于文化平等理念的缺乏理性认识。中级阶段的学生可能开始认识到自身情感观念的偏向，但仍然存在对于“本国文化优越”的倾向。他们需要更深入地了解和尊重其他国家的文化，以建立更加平等的跨文化认知。在高级阶段，学生应该能够达到对不同文化平等对待的认知水平。他们能够准确理解并接纳本国和外国文化，形成开放、包容、平等的跨文化交际观念。

三、培养大学生的跨文化交际意识的影响因素

（一）学生的学习兴趣不高

在初级阶段，学生可能对英语学习缺乏基本的兴趣，主要动机是为了迎合应试教育的需求。学生对于跨文化交际的重要性认识较为模糊，更关注国外生活方式等方面，而非真正深入了解文化背后的意义。中级阶段的学生可能意识到英语学习的局限性，但仍未建立起深层次的动机。他们对跨文化交际的理解仍然比较表面，主要关注国外的文化现象，而未形成自主学习的动机。在高级阶段，学生应该能够逐渐培养自主学习英语的动机。他们对跨文化交际的认知逐渐深入，理解文化与语言的密切关系，从而更主动地探究和学习英语。

（二）教师方法不合理不科学

在初级阶段，教师可能倾向于以传统的知识传授为主，将跨文化交际内容仅作为辅助。这种教学模式对学生学习兴趣的激发较为有限，使得学生更加依赖应试导向的

教学。中级阶段的学生可能开始对文化知识产生兴趣，但由于教师仍未充分采用合理的教学方法，学生可能仍感到文化知识的学习相对枯燥。这可能阻碍了他们对跨文化交际的深入理解。在高级阶段，教师应该转向更为灵活和开放的教学方法，采用过程教学，引导学生通过互动、讨论、实践等方式深入学习跨文化交际。教师的教学方法应当与时俱进，充分利用现代技术手段，提高学生的学习兴趣。

（三）教学过程不统一

在初级阶段，学生可能受到传统教学方法的影响，教学过程较为单一，以教师为中心。学生在有限的英语学习时间内难以获得全面的语言和文化体验，导致对英语学习兴趣的匮乏。中级阶段的学生可能在课外学习时间、条件及资源不足的情况下，仍受到传统的教学思维影响。教师可能使用了一些多媒体等手段，但教学仍以教师为主，学生难以形成自主学习和探究的习惯。教学过程较为机械，学生缺乏对跨文化交际的深刻理解。在高级阶段，应该强调更加统一而灵活的教学过程。教师需要通过多元化的教学手段，创设更为开放、互动的教学环境，引导学生参与到跨文化交际的实践中。然而，由于教学评价体系的单一性，学生可能仍受到传统评价方式的束缚，无法全面展现其跨文化交际能力。

四、大学生英语教学中渗透跨文化交际意识的策略

（一）结合大学生生活实践，增强大学生对跨文化交际的意识

在初级阶段，教师可以关注学生的日常生活，引导他们在家庭作业中发现并记录生活中的双语标识。通过在商场、街边等场合运用英语进行标识的例子，激发学生对于英语在实际生活中的应用意识。教师可以通过简单的词汇教学和实践，使学生初步认识到跨文化交际的实际需求。中级阶段的学生可以通过更复杂的生活场景，如旅游区、外贸行业等，观察和理解英语在地名、路名等方面的应用。教师可以设计相关的实践活动，引导学生从生活中获取英语文化信息，并加深对跨文化交际意识的理解。通过让学生自己体验和应用，增强他们对英语文化的感性认识。在高级阶段，教师可以通过更深入的生活实践，例如引导学生在团队合作中使用英语进行沟通，或者参与模拟跨文化场景的交流活动。通过多样性的实践，学生可以更全面地理解跨文化交际的要求，形成更深层次的意识。教师需要促使学生将感性的认识上升到理性的认知，使他们明白为什么要关注和学习跨文化交际。

（二）结合大学生专业特点，提高大学生对跨文化交际的兴趣

对于初级阶段的学生，教师可以通过引入专业相关的英语课程，使学生能够将英语学习与自己的专业联系起来。例如，在商科专业中，教师可以设计商务英语课程，

引导学生学习相关领域的英语表达和交流。通过将英语融入专业学科，提高学生对英语学习的兴趣。中级阶段的学生已经能够在专业领域中运用英语进行基本的交流。教师可以通过案例分析、专业论文写作等活动，提高学生对于专业英语的需求意识。同时，通过对国际专业论坛、会议等的关注，让学生认识到专业领域的国际化，进而加深对跨文化交际的兴趣。在高级阶段，教师可以通过实际的专业实践活动，如参与国际性的专业比赛、合作项目等，激发学生更深层次的兴趣。通过与国际同行交流、合作，学生将更加深刻地体会到专业英语在国际舞台上的重要性，从而提高对跨文化交际的兴趣。通过结合生活实践和专业特点，教师可以巧妙地引导学生，使他们在学习过程中不仅获得实际的语言和文化技能，同时培养起对跨文化交际的深刻兴趣。

（三）加强跨文化交际意识的学习，提升大学生的跨文化交际能力

教师需要确保自身对英语的基本掌握，并能够用流利准确的语言进行交流。通过参与语言培训和提升自身英语水平，为后续跨文化交际教学奠定基础。教师应深入了解英语国家的文化差异，包括礼仪、习惯、价值观等方面。通过参与国际交流、文化体验活动，提升自身对于跨文化交际的实际了解，为更深层次的教学打下基础。在高级阶段，教师需要不断追求专业深度，可能通过参与国际学术研讨会、与国际专业人士交流等方式，提高自己在特定领域的专业素养，以更好地引导学生理解和应用跨文化交际。

过简单的文化比较，教师可以引导学生了解不同国家的基本文化特点，包括节日习俗、日常生活习惯等。学生可以通过小组讨论、展示等方式，体验和分享自己对于跨文化差异的认知。在中级阶段，教师可以引导学生深入了解不同国家的文化语境，包括用语、表达方式、社交礼仪等。通过模拟场景、角色扮演等实际操作，让学生亲身体验跨文化交际，感受文化差异的真实性。高级阶段的学生需要更深层次的文化认知，教师可以通过引导学生阅读相关跨文化交际案例、文献，甚至参与国际项目，使学生更全面地理解和应对跨文化交际中的复杂情境。

通过教学材料和案例，教师可以引导学生注意英语中的常见表达和习惯用语，使学生初步了解语言文化的显性部分。例如，解释常用短语的文化内涵，帮助学生理解其中的隐含意义。中级阶段的学生可以通过深入阅读文学作品、观看电影等，感知英语语言文化中更为隐性的部分。教师可以引导学生分析文学作品中的文化元素，探讨作者用语言表达背后的文化观念在高级阶段，教师可以激发学生主动研究的兴趣，引导他们深入挖掘英语语境中的文化内涵。通过独立研究、学术论文写作等方式，使学生深刻理解和感知英语语言文化的复杂性。

通过逐渐提高学生对英语语言文化和跨文化交际的认知层次，教师可以有效引导学生建立正确的跨文化交际意识，提升其跨文化交际能力。

第二节 跨文化交际视角下英语教学存在的问题

文化与语言相辅相成，语言是文化的关键表达工具，文化则为语言提供深厚的内涵。语言不仅仅是一种沟通工具，更是承载着人们生活方式和思维方式的载体，反映出特定民族的独特特征。在交际能力的构建中，文化知识和适应能力成为不可或缺的要素。由于不同地区之间存在文化的差异，这对人们的交流和沟通构成一定的挑战。因此，在学习任何语言时，提升跨文化交际能力成为学习者能够自如应对交流场景的关键。英语作为一门国际通用语言，同样包含着丰富的文化内涵。学习者在掌握语言知识的同时，必须培养对文化的认知，提高跨文化交际的能力。本节主要从跨文化交际的角度来研究大学英语教学策略。

一、跨文化交际与语言主观性的内在联系

在培养学生的跨文化交际能力时，需要认识到学生的思维方式、语言理解、知识基础等存在差异，这些因素会影响他们对跨文化交际的理解和应对能力。因此，教师在进行培养时应特别关注学生的主观能动性。跨文化交际能力的培养涉及学习者重新构建自身语言心理表征的过程。在这个过程中，影响学生跨文化交际能力形成的因素包括其文化潜意识、既定语言使用规约、个人情感等主观因素，以及客观世界的文化属性。同时，主观和客观两方面的内容在文化中也有相互关联，一个是客观的约定俗成属性，另一个是主观潜在的情感属性。

传统的大学英语教学通常侧重传授承载文化客观属性的知识，如交际礼仪、社会制度、一般习俗、敏感话题等。然而，缺乏对文化主观情感态度的引入可能导致学生失去对学习英语的兴趣，陷入模式化学习的困境。因此，在评价和培养跨文化交际能力时，教师应当注重主观因素，而不是过于关注文化的客观属性。具体来说，在大学英语教学中，教师需要激发学生学习的积极性，采用多种灵活的教学方式。一旦学生掌握了语言使用规约和文化知识，教师应通过多种手段引导学生主动参与跨文化交际，实现对文化的主动创造。此外，教师还需引导学生自我理解和判断各种文化现象，关注并观察重大历史事件和现实问题，培养他们找出问题的研究方法，并进行换位思考和逆向思考。

二、跨文化交际视角下大学英语教学需要遵循的原则

从 20 世纪 80 年代开始，外语教学研究者开始重点关注文化教学的关键作用，特别是在课堂教学和文化教学与外语教育之间的关系方面进行了深入研究。主要研究方

向包括如何增强外语学习者的文化意识，讨论具体的文化融入实施原则和方法等。在大学英语教学方面，我国积极推动了融合英语国家文化和母语文化的互动活动。重点放在培养学生跨文化意识上，引导学生正确对待中西方文化差异。在这一过程中，教师需要采取多种策略和方法，以加强学生对英美文化的理解和输入。同时，也要渗透中华文化教育，使学生能够充分认识英语文化与本民族语言文化之间的差异，避免因文化差异而产生的困惑。这些努力有助于培养学生更全面的跨文化交际能力，使他们在面对不同文化背景的人时更加灵活和适应。希望这些实践能够为大学英语教学提供更多有益的经验和启示。具体而言，在大学英语教学中融入跨文化交际能力培养需要遵循以下原则：

（一）循序渐进原则

循序渐进原则在大学英语教学中是非常关键的。首先，教师应该明确定义跨文化教学的内容，确保这些内容是有层次和逻辑顺序的。在起始阶段，可以选择简单且容易理解的中外文化差异，引导学生建立初步的文化意识。例如，可以从日常生活中的一些习惯、礼仪入手，逐步扩展到更深层次的文化差异。在贯彻循序渐进原则时，关注跨文化内容的一致性和层次性也是至关重要的。确保每一步的内容都有一定的关联性，不仅让学生能够逐渐深入了解文化，而且使得整个学习过程更加连贯。这也有助于学生建立对中外文化差异的系统性认知。

（二）实用性原则

实用性原则则要求教师将跨文化内容与实际生活紧密关联。在教学中，应该选择那些学生在实际生活中可能会遇到的文化情境，让学生能够通过学到的知识更好地应对实际交际场景。例如，可以通过模拟真实生活中的跨文化交流场景，让学生在实际操作中体验文化差异，提高他们的应用能力。

（三）适度性原则

适度性原则确保了跨文化内容的融入不会过度干扰正常的英语教学进程。教师在教学中需要把握好度，不仅要注重文化的融入，还要确保文化内容的适度，以免给学生带来学习的负担。适度性原则也提示教师要有计划性和选择性地引入文化内容，而非盲目地灌输。这需要教师具备深厚的文化素养，能够准确判断学生的接受能力，合理调整文化融入的深度和广度，确保文化内容的教学既有助于培养跨文化交际能力，又不至于让学生感到过于沉重。

（四）逻辑系统性原则

逻辑系统性原则是为了确保跨文化内容能够有机地融入到整个教学体系中，使之成为一个有机的部分。教师在融入文化内容时应当有条理地进行整理、归纳和拓展，确保文化教学的逻辑清晰、系统有序。这可以通过在教学中合理设计跨文化内容的安排，使之与其他教学内容相互呼应、互为补充。例如，可以将跨文化内容与相关的语法、词汇等知识相结合，形成一个有机的整体。这有助于学生更好地理解和应用所学的文化知识，提高其跨文化交际能力。

三、跨文化交际视角下的大学英语教学策略

（一）多渠道扩展学生与文化的接触面

为了培养学生的跨文化交际能力，教师应该激发学生在学习中的自主性和创造性。在课堂之外，教师可以鼓励学生主动参与一些跨文化交流的实践活动，如国际项目、文化交流活动等。学生通过这些实践，能够与来自不同文化背景的人互动，深化对其他文化的认知。此外，教师还可以引导学生充分利用互联网资源，主动进行跨文化知识的自主学习。学生可以通过阅读英语原版文学作品、观看英语电影、参与在线社群等途径，主动扩展他们的文化视野，增进对英语文化的感知和理解。通过这样的自主学习和实践，学生将更积极地融入跨文化环境中，提高跨文化交际的能力。通过激发学生自主学习和实践的兴趣，教师能够培养学生的独立思考和创新能力，使他们在跨文化交际方面取得更为深入的体验和成长。

（二）借助影视材料

影视材料在大学英语教学中的应用是一种生动而直观的教学手段。通过选择合适的影视作品，教师可以引导学生深入了解英语环境下的生活、学习和工作状态，从而更好地培养他们的语言运用能力和跨文化交际能力。通过角色的演绎，学生能够更直观地感受到语言在不同场合中的应用，如在不同的社交场合中应用英语的称呼、待客礼仪、讨论问题的方式以及表达问候的技巧。

（三）开设公共选修课及专业限选课程

开设公共选修课及专业限选课程时，教师可以有目的地选择与学科专业相关的影视材料，以丰富学生的知识面和提高他们的专业素养。例如，对于英语学科教育专业的学生，可以设置跨文化语用知识选修课程，通过影视作品呈现不同文化间的语言差异、交际方式等，帮助学生更好地理解并应用英语。同时，为商务英语专业的学生设计专业限选课程也是一种有效的方式。通过挑选商务场景中的影视片段，可以让学生学习商务英语的实际运用技巧，了解国际商务中的文化差异，提高他们在跨文化交际中的应对能力。

（四）补充课外材料

为了进一步强调文化素养的培养，教师可以引导学生参与文化活动，如文化节、

国际交流活动等。这些活动为学生提供了实践的机会，让他们能够亲身体验不同文化的魅力，增进对跨文化交际的理解。此外，教师可以推荐学生观看关于文化差异和跨文化交际的纪录片、讲座等视频资源。这些多媒体材料能够生动地呈现文化差异，让学生通过视觉和听觉的方式更深刻地理解和感受跨文化交际的重要性。对于书籍和报刊的推荐，可以选择那些涉及文化差异、国际事务、社会变革等主题的英文著作。通过阅读这些作品，学生可以拓展对不同文化的认知，培养对全球事务的关注，提高他们的国际视野和文化修养。

在整个教学过程中，教师应该激发学生的主动学习兴趣，让他们在学习过程中体验到跨文化交际的乐趣。通过多样化的课外材料，学生将更全面地了解和体验到英语所蕴含的丰富文化内涵，从而更好地应对跨文化交际的挑战。

第三节　跨文化交际视角下英语教学的改革策略

将跨文化交际内容融入英语教学的各个层面，包括词汇、语法、听说读写等方面。通过选取涉及不同文化背景的文学作品、影视材料等，激发学生对跨文化交际的兴趣，提高他们的文化敏感性。

一、加强教材建设

优先选择包含英美文化元素、风俗习惯介绍的外语课本。这样的教材能够直接引导学生了解和理解西方文化，促使他们在语言学习的同时获得文化的启发。在教材中，对于涉及到文化差异的语言点，应该有详细的解释和例子，让学生能够更深入地理解文化对语言使用的影响。这有助于提高学生的文化敏感性。跨文化交际领域发展迅速，因此教材也需要随时更新，保持与时俱进。教员可以结合最新的文化事件、趋势，不断完善教材内容，使其更贴近学生的实际需求和兴趣。在编写教材时，要根据学生的语言水平和学科特点科学合理地设计内容，确保语言知识、交际能力和文化素养的有机结合。避免教材内容过于繁琐，使学生能够更容易理解和接受。教材应该设计得富有趣味性，激发学生学习的兴趣。通过引入有趣的文化故事、趣闻轶事，让学生在轻松愉快的氛围中学习跨文化知识。教材的设计应以培养学员的语言交际能力为主要目标。通过实际的语境和任务，让学生能够运用所学语言知识，增强他们的语言实际运用能力。在教材中可以融入素质教育的内容，包括思维能力、团队协作能力等方面，使学生在学习英语的同时培养更全面的素质。加强教材建设是提高大学英语教育质量的重要手段，通过精心设计的教材，可以更好地促进学生的跨文化交际能力培养。

二、提高教员自身的英美文化知识的储备

教员应保持对英美文化的持续学习，了解最新的社会、文化动态。参与文化研讨会、学术讲座，阅读相关文献和书籍，以确保自身文化知识的更新。通过参与国际交流、文化活动等实践，亲身体验不同文化，增加教员的跨文化交际体验。这样的经历不仅能够为教学提供丰富的素材，还能够让教员更深刻地理解文化差异。展英汉语言、文化对比研究，深入探讨两种文化之间的异同点。通过深入研究，教员可以更好地引导学生理解文化差异，减少文化冲突，提高学员的跨文化交际能力。参与国内外学术交流，与其他领域的专业人士进行交流，拓宽自己的学科视野。这有助于教员更全面地理解英美文化，并将这些理解融入到教学中。教员可以组织文化沙龙，邀请专业人士、学者或其他领域的专家分享文化见解。通过与不同领域的专业人士交流，教员可以获取更多的文化信息，丰富自己的文化知识储备。不仅要了解英美文化的表面现象，更要深入挖掘其背后的历史、价值观、社会制度等方面的内涵。这样的多维度理解可以更好地指导学生理解文化背后的深层次含义。在教学中，注重向学生传授英美文化知识，引导学生深入思考文化差异。通过讨论、分析文化现象，培养学生的文化敏感性和批判思维。提高教员自身的英美文化知识储备是培养学生跨文化交际能力的关键一环。只有教员具备深厚的文化底蕴和跨文化交际实践经验，才能更好地引导学生，使他们真正领会和运用英美文化的精髓。

三、采用多种教学手段，营造课堂交际场景

设计真实的生活场景，让学生进行角色扮演和对话练习。这可以帮助学生在模拟的情境中运用语言和文化知识，增强他们在实际交际中的信心。利用现代化教学技术，如多功能语言实验室和多媒体教室，播放英语原声电影、纪录片等。通过听力、视觉的双重刺激，学生更容易理解和接受英美文化。定期组织文化沙龙或邀请专业人士进行跨文化讲座。这样的活动不仅能够传授文化知识，还能够激发学生的兴趣，促进学生与专业人士的互动交流。将跨文化交际能力培养融入到其他学科的教学中，组织实践活动，如参观博物馆、参与文化展览等，使学生在实际场景中感受和理解文化。引导学生参与各类活动，如小组讨论、文化分享等，让学生在自主学习的过程中体验跨文化交际。这有助于培养学生的团队协作和主动学习能力。推动学生参与国际交流项目，与英语为母语的学生或专业人士进行语言实践和交流。这样的项目能够提供真实的跨文化交际机会，帮助学生更好地应对不同文化的挑战。通过这些教学手段的结合运用，可以使学生在课堂中更深入地理解和体验英美文化，培养其跨文化交际的能力。同时，教员的引导和关注也是确保这些手段有效发挥作用的关键。

第六章　跨文化交际下的英语课程体系建设

第一节　英语课程建设

一、口语教学

文化交际能力确实是一个复杂而全面的能力，不仅仅包含语言层面的能力，还需要涵盖文化差异的理解和适应。在大学英语口语课上，培养学生的跨文化交际能力是至关重要的任务之一。区分语法失误和语用失误是很重要的一步，因为这有助于更准确地理解和纠正学生在交际中的问题。语法失误可能只是表面的问题，而语用失误则可能涉及到更深层次的文化认知和交际技巧。通过帮助学生区分这两者，教师可以有针对性地进行指导和训练，提高学生的语言和文化应用能力。在大学英语口语教学中，引入真实的跨文化场景和案例，让学生通过实际情境来练习和运用英语，是培养跨文化交际能力的有效方式。这可以包括模拟真实生活中的交际场景、讨论国际新闻、分享各自文化的特色等活动，使学生更好地理解和融入不同文化环境。总的来说，跨文化交际能力的培养是一个渐进的过程，需要综合考虑语言、文化和实际交际技能。通过有针对性的教学方法和实践活动，可以更好地帮助学生在跨文化交际中更自信、更灵活地运用英语。

（一）当前大学英语口语教学的现状

1. 缺乏对西方价值观和文化的认识

首要问题在于，当前很多英语教师对西方文化和价值观存在一些认知上的偏差。在口语教学中，老师们通常侧重于语言的系统性，即从语音、语法、词汇等多个方面灌输知识，却忽视了口语教学中的文化成分。这导致学生对英语国家的文化和价值观念了解不足，因而在交际中常出现语用上的错误。

2. 缺乏真实的语言交际环境

其次，目前的英语口语教学缺少实际语言交际的环境。许多学校的口语教学主要依赖老师的讲解，学生仅仅照本宣科，没有经过实际的实践锻炼。他们往往处于被动状态，尽管对一些固定的句子和词组了如指掌，但在实际运用中仍然会出现错误，难以流利运用英语进行交流。

3. **对语体缺乏深刻认识**

另外，在当前的英语课堂中，由于对语体的了解不足，可能导致跨文化交际的错误。语言形式的选择受多种因素影响，包括说话人关系、讨论主题的背景以及交际方式等。传统的大学口语教学偏向于让学生死记硬背语言规则，然而在实际运用中，学生难以灵活应用语言。此外，在言语交际时，学生未能结合听者身份和交际场合等因素，导致用语不当，造成跨文化交际失误。

（二）在大学英语口语教学中培养跨文化交际能力

1. **选择合适的口语教材**

选用合适的口语教材是英语口语课教学中的一项重要任务。目前，许多大学在口语教学中选择的教材主要注重语言知识的机械训练，侧重于学生对语法、词汇等方面的积累。然而，这些教材往往忽略了学生在跨文化交际中需要具备一定文化知识背景的问题。由于文化差异，学生在实际交际中可能会出现用语不当等问题，因此这些教材并未有效提高学生的实际应用能力。在大学英语口语教育改革中，应当认识到语言与文化的密切关系，教师在选择口语教材时应注意将语言与文化相结合。可以选择现有口语教材，并在其基础上进行适当扩展，弥补内容单一的不足。在补充的内容中，教师除了传授语言知识外，还应包括一些文化差异的内容，使学生了解如何应对跨文化交际中的挑战。在具体的课堂教学中，教师需要积极主动地组织教学活动，确保所选口语教材能够真正起到教学效果。通过巧妙运用教材，引导学生不仅在语言层面得到提升，同时在文化层面也能够增长见识，培养跨文化交际能力。

2. **改变学生们的思维方式**

改变学生的思维方式是提高其跨文化交际水平的重要步骤。由于中西文化的差异，学生在英语教学中常常倾向于采用中国式的思维模式，这可能导致在实际交流中出现误解和不当的表达。因此，在大学英语口语课上，教师有责任引导学生理解英语背后的文化，培养其跨文化交际的眼界，并促使他们从西方人的角度去思考。举例来说，中国人在初次见面时可能会直接询问对方私密的问题，如工作和年龄等。然而，在西方文化中，这种行为可能被视为侵犯隐私，因此西方人更倾向于在初次见面时聊一些与个人隐私无关的话题，如天气或体育。教师应该通过具体案例和实际情境，让学生理解这种文化差异，并引导他们以西方人的视角思考，避免在交际中引起不必要的纠纷。在教学过程中，教师可以通过角色扮演、案例分析等方式让学生亲身体验和理解不同文化背景下的交际方式。重点培养学生对于跨文化交际中应遵循的礼仪和沟通方式的认知，使其在实际应用中能够更加得体地表达自己，减少跨文化交际的误解和困难。

3. 积极地营造学习英语的环境

积极营造学习英语的环境对于提高学生的口语能力和跨文化交际水平至关重要。在英语口语教学中，教师可以采取一系列措施来创设语言情境，使学生能够在实践中更好地运用所学知识。首先，老师应该改变传统的死记硬背方式，鼓励学生自主思考和表达。通过对话、角色扮演等活动，给予学生更多的说话机会，让他们在实际情境中运用英语，表达自己的想法。这种实践练习不仅能够增强学生的口头表达能力，还能够加深他们对所学内容的理解和记忆。其次，可以运用情境剧和角色扮演等方式，将学生置身于特定的语境中，促使他们学会在不同情境下灵活运用语言。这种情境化的教学方法有助于学生更好地适应实际交际中的各种场景。另外，通过布置教室环境，创造出充满英语学习氛围的场所。可以使用英语海报、学习角、英语角等元素，使整个教室成为学生学习英语的空间，激发学生学习英语的主动性。通过以上方式，学生将更主动地参与到英语口语学习中，感受到学习英语的乐趣，提高语言运用的信心和能力，从而更好地应对跨文化交际的挑战。

4. 积极利用现代多媒体技术辅助教学

现代多媒体技术的运用对于提高口语教学的效果和吸引学生的兴趣都有着积极的作用。通过利用多媒体，教师可以为学生提供更加生动、丰富的学习体验，使学习过程更具趣味性和实用性。在口语教学中，通过播放短视频介绍英美文化特色，不仅可以让学生更直观地感受到不同文化的差异，也能够让学生更好地理解语言与文化的关系。这样的教学方法不仅有助于提高学生的语言水平，还能够激发学生学习英语的兴趣。此外，教师还可以利用多媒体展示实地访谈、模拟对话等真实语境，帮助学生更好地理解和应用所学的语言知识。通过这种方式，学生可以更好地融入英语学习的情境，提高他们的语言交际能力。总体来说，充分发挥现代多媒体技术的优势，结合实际情境进行口语教学，是提高教学效果、培养学生跨文化交际能力的有效途径。

5. 提高学生们的心理素质，鼓励学生们积极表达自我

在口语教学中，学生的情感状态和心理素质对于学习的效果有着重要的影响。通过鼓励学生主动表达、提高他们的自信心，可以有效地减轻他们在口语训练中可能产生的紧张和自卑情绪。创造愉快、轻松的课堂氛围是培养学生积极表达的重要手段。一个充满活力和鼓励的教学环境可以让学生更愿意参与到口语练习中，敢于冒险尝试，从而提高他们的口语表达能力。教师的关心和支持对于学生的心理状态起到积极的作用，通过及时的评估、鼓励和表扬，可以帮助学生建立正确的学习态度，增强他

们的学习信心。此外，关注学生的文化认知和跨文化交际能力也是非常重要的。将语言教学与文化教学相结合，使学生更全面地理解语言背后的文化内涵，对于提高他们的跨文化交际能力至关重要。在教学中引入有关英美文化、历史、习俗等方面的知识，可以使学生更好地融入语言学习的过程，理解不同文化的思维方式，从而更准确地运用语言进行交际。总的来说，关注学生的心理素质，鼓励他们表达自我，以及融入跨文化元素的教学，都是促进口语教学效果的重要策略。

二、阅读教学

（一）传统大学英语阅读教学中常见的一些问题

传统教材可能难以跟上时代步伐，缺乏吸引学生的内容。解决方法是更新教材，引入更具代表性和实用性的文本，关注学生兴趣，甚至考虑结合互联网资源。一味侧重词汇和语法教学，而忽略了实际的阅读技巧。解决方法是多元化教学方式，包括小组讨论、实地调研、学生演讲等，培养学生实际应用知识的能力。学生对于文章所处文化背景了解不足，影响对文本的理解。解决方法是强调文化背景知识，通过引导学生了解相关的历史、社会、文化等方面的内容，增加对文本的深度理解。部分教学侧重精读而忽视泛读，使得学生在处理大量信息时显得力不从心。解决方法是平衡精读和泛读，通过适度速读提高阅读速度，培养学生快速获取信息的能力。部分学生可能对西方文学作品的历史和文化内涵不熟悉，影响对文学性文章的理解。解决方法是在课堂中引导学生了解相关文学背景，增加对文学作品的欣赏和理解。学生可能更注重应对英语考试而非实际运用。解决方法是提供实际应用场景的阅读任务，让学生明白阅读的目的是为了获取信息和进行交流，而非仅仅为了考试。通过综合运用这些方法，可以更好地激发学生的阅读兴趣，提高他们的阅读能力，并使阅读更具实际应用价值。

（二）在大学英语阅读教学中培养跨文化交际能力的必要性

文化冲突在跨文化交际中确实是一个挑战。这些冲突的根本原因，主要源于不同文化背景之间的历史、社会、政治、和价值观的差异。我认为解决这些问题的关键是增进对不同文化的理解和尊重。通过提供跨文化的培训和教育，可以帮助人们更好地理解其他文化的背景、价值观和行为模式。这可以包括在学校或工作场所进行的文化培训，帮助个体适应和融入新的文化环境。创建一个开放的对话环境，让人们能够分享和讨论他们的文化差异，以促进理解和尊重。这也有助于减少误解和刻板印象。在教育中强调文化敏感性，鼓励人们对不同文化背景的灵活性和适应性。这种教育不仅有助于避免文化冲突，还可以促使个体更好地适应新的文化环境。在社会和工作场所推动多元化，通过与来自不同文化背景的人一起工作和生活，可以促进文化融合和理解。强调尊重不同文化之间的差异，而不是试图将自己的文化标准强加于他人。这种尊重可以从个人层面开始，逐渐渗透到更大的社会范围。鼓励个体对自己的文化有更深刻的认识，以便更好地理解自己在跨文化环境中的位置，并更好地适应。

（三）大学英语阅读教学中培养跨文化交际能力的相关策略

1. 教师需改变传统教学观念

教师在教学中应该注重语言与文化的结合。在教授英语阅读的同时，引导学生了解文章背后的文化背景，历史因素，以及社会习惯。这有助于学生更全面地理解文章，提高阅读的深度。教材不应仅限于原版作品，还可以引入涵盖不同国家文化的各种文学作品、新闻报道、电影等。多样化的材料有助于学生更广泛地认知世界，提高他们的文化素养。引导学生在阅读时不仅仅关注表面的词汇和语法，更要培养他们的批判性思维。通过讨论和分析，帮助学生理解文章中的思想、观点，以及不同文化下的语境。将英语教学与实际应用结合，鼓励学生在课堂之外运用所学英语进行实践。可以通过组织文化活动、座谈会、角色扮演等方式，让学生在真实的语境中运用英语。培养学生主动学习的意识，鼓励他们通过互联网等资源进行自主学习，探索更多有关中西文化的信息，形成更为全面的认知。跨学科教学可以将英语与其他学科有机结合，例如文学、历史、社会学等，从多个角度拓展学生对文化的理解。通过这些改变，可以使英语教育更贴近学生的需求，提高他们的综合素质，让学生在学习英语的同时也能够更好地理解和尊重多元的文化。

2. 教师需改变传统教学方法

改变传统的单向传授模式，鼓励学生参与讨论、提问和分享。教师可以设计有趣的活动，促使学生在互动中学习，培养他们的批判性思维和问题解决能力。利用现代科技手段，引入多媒体资源，如短视频、音频、图表等，使教学内容更生动直观。这样的多媒体辅助可以吸引学生的注意力，提高他们的学习兴趣。通过项目式学习，让学生在实际的情境中运用英语，培养他们解决问题和合作的能力。项目可以涉及跨文化交际，让学生通过实践提高跨文化交际的技能。引导学生主动获取知识，鼓励他们自主探究，提高自学和合作学习的能力。老师可以提供资源和指导，让学生在学习中有更多的主动性。将英语教学与其他学科整合，使学生在学习英语的同时能够了解其他学科的知识。这有助于打破学科之间的壁垒，提高学生的综合素养。在教学中，不仅要教授语言知识，还要注重培养学生对中西文化差异的认识。让学生理解文化差异，尊重不同文化的习惯和价值观。不仅关注学生的语言水平，还应该注重他们的综合能力和跨文化交际能力。采用多样化的评价方式，如项目报告、小组讨论、口头表达等。通过这些改革，可以使英语教学更符合学生的需求，培养他们更全面的能力，为跨文化交际能力的提升创造更有利的环境。

3. 大学英语阅读课堂需导入多种教学模式

入多种教学模式，特别是在线教学和多媒体教学，是非常现代化和实用的做法。这样的创新不仅提高了学生的学习兴趣，还有助于他们更好地理解英语文化和提升跨文化交际能力。利用在线教学平台进行直播或录播，确保学生可以随时随地参与学习。互动式教学可以通过在线讨论、实时答疑等方式实现，提高学生的参与度和学习效果。利用多媒体资源，如英语电影、记录片、音频等，使学生在视听中感受英语世界的文化氛围。教师可以巧妙选择与课程内容相关的素材，让学生通过多种感官获取知识。鼓励学生参与教学过程，可以让一些学生担任助教角色，帮助教师管理在线互动、回答问题，促进学生之间的合作和交流。

在介绍英语电影或记录片时，教师可以加入文化讲座，对其中涉及的社会文化背景进行解读。这有助于学生更深入地理解语言背后的文化内涵。提供在线课堂的回放功能，方便学生在需要时复习教学内容。这也有助于那些错过课堂的学生追赶进度。在多媒体教学中，结合阅读理解任务，让学生通过阅读加深对文化背景的理解。这可以包括提供相关的文章、小说片段等，帮助学生拓展词汇和语法知识。在线教学中，收集学生的反馈意见，了解他们对教学模式和内容的感受。根据反馈不断调整和改进教学方法。通过引入这些现代教学模式，可以提高学生的学习积极性，培养他们的跨文化交际能力，更好地适应当今信息化社会的学习环境。

4. 学校应重视引导学生培养跨文化交际能力

学校可以考虑增设专门的跨文化交际课程，内容涵盖文化差异、社交礼仪、国际商务沟通等方面。这样的课程可以帮助学生更系统地学习跨文化交际的理论和实践技能。除了英语角，学校还可以设立多语言交流角，鼓励学生使用不同的语言进行交流。这有助于拓宽学生的语言视野，增加对多元文化的了解。学校可以组织国际化活动，例如文化节、国际交流会等。这样的活动为学生提供了展示自己文化的机会，同时也能更深入地了解其他国家的文化。学校可以通过海报、宣传册等方式，定期向学生传达关于跨文化交际的知识和技能。这有助于引导学生主动了解和学习相关内容。学校可以鼓励学生组织国际文化俱乐部或交流团队，由学生自主策划和参与跨文化交际活动。这不仅锻炼了学生的组织能力，也增强了他们的跨文化沟通能力。教师可以与学生建立更多的师生互动机会，通过开展小组讨论、辩论等活动，促使学生表达自己的观点，并了解其他同学的文化观念。学校可以引导学生使用互联网资源，例如在线文化交流平台、社交媒体等，与来自不同文化背景的人进行交流，拓展国际视野。通过以上方式，学校可以更全面地引导学生培养跨文化交际能力，使他们更好地适应多元文化的社会环境。这不仅对英语阅读课程有积极的影响，也有助于学生成为具有全球竞争力的综合型人才。

三、翻译教学

在进行翻译教学之前，可以为学生提供相关的文化背景介绍。这包括了解原文所处的社会、历史、文化环境，以及其中可能涉及到的习惯、价值观等方面的信息。这有助于学生更好地理解原文，避免在翻译时误解或忽略文化差异。学校可以组织学生进行实地调研，或者提供跨文化体验的机会，使学生亲身感受不同文化之间的差异。例如，可以组织学生参观相关文化场所、参与文化活动，或者与来自其他国家的人进行交流。利用多媒体资源展示相关文化信息，如视频、音频、图片等。通过展示西方文化的实际场景和实例，帮助学生更直观地理解文化差异，有助于提高他们的跨文化认知水平。鼓励学生参与真实的翻译项目，例如翻译文学作品、新闻报道等。通过实际项目，学生能够深入了解并应用西方文化，同时提高翻译水平。学校可以设立专门的跨文化交流课程，引导学生主动了解和学习西方文化。这种课程可以涵盖文学、艺术、历史、社会制度等多个方面。在课堂上鼓励学生进行跨文化讨论和分享。通过学生之间的交流，可以促使他们思考文化差异的体会，并且从中学到更多的知识。在翻译课程中引导学生对比中西文化的不同之处，帮助他们形成对文化差异的深层次理解。这有助于在翻译过程中更准确地传达原文的意思。通过以上方法，学校可以全面提高学生的跨文化认知水平，使其在英语翻译中更为准确和有深度地理解西方文化。这也符合新课程改革的趋势，培养更具综合素养的英语人才。

（一）大学英语翻译教学中跨文化意识的重要性

1. 加强跨文化教育是英语翻译教学发展的需要

在英语翻译中，尤其是在大学英语课程中，文化翻译的重要性不可忽视。语言和文化是紧密相连的，文化差异可能导致翻译误解，从而影响交际效果。大学英语译文教学应强调学生对语言背后文化的理解。这包括历史、社会结构、价值观等方面的知识。这种综合的文化素养有助于学生更全面地理解和翻译文本。通过译文教学，学生可以深入了解英语的使用场景和文化底蕴，从而拓宽对英语的认识范围。这有助于他们更灵活地运用英语，提高交际能力。

2. 是新世纪中国社会经济发展的客观需要

随着世界范围内经贸活动的不断发展，国际间的交际日益频繁。这使得英语翻译在各个领域都变得至关重要，尤其是在电子邮件等电子媒体的交际中。电子邮件已成为国际间交际的主要方式之一，而邮件中内容的准确翻译对于有效的跨文化交际至关重要。大学英语译文教学应关注培养学生在这一领域的专业翻译能力。大学英语翻译课程的开设应该紧密结合国家科技、文化、交际、经济等方面的需求。这有助于培养更符合国家实际需求的英语人才，提高他们的国际交际能力。通过注重文化背景的教育，引入文化差异的概念，大学英语翻译课程可以为培养具有国际交际能力的人才奠定基础。这种人才对国家的国际化发展有着积极的促进作用。

3. **促进大学生社会性发展的需要**

大学生面对的社会是多元化的，因此，他们需要具备良好的社会性发展能力。通过跨文化教学，学生能够与不同文化背景的人进行交际与合作，提高跨文化交际的能力，使其在社交活动中更好地尊重和理解各个国家、各个民族的文化。通过跨文化教学，大学生能够在尊重和平等的环境下进行交际，从而培养他们对不同文化的认同与包容。这不仅是社会生存与发展的基本需求，也是推动大学生社会性发展的必然要求。

4. **顺应高等教育国际化发展趋势的需要**

随着我国对外交际的增多，高校对国际化人才的需求也越来越大。中外合作办学成为有效途径，而跨文化的教育思想有助于增进两个国家间相互理解。在中国高等教育中，跨文化教学是一种必然的发展趋势。国际交流的增多意味着更多的引进国外教育思想和人才，因此，加强英语翻译课程中的跨文化教学是顺应高等教育国际化发展趋势的需要。高校英语翻译课程应注重人文社会科学方面的教育，以培养适应时代发展的复合型人才。这些人才不仅有创造性，而且具有世界性文化视野，能够成为传播中国文化的使者，并与国际先进国家进行交际与交流。在当今世界经济一体化的发展下，高校的跨文化教学成为必然。因此，高校英语翻译教学应注重培养学生的跨文化意识，使其能够更好地适应国际化发展的趋势。

（二）大学英语翻译教学中存在的问题

1. **教师对于跨文化意识教学深度不够**

教师可能更注重传授文化差异的理论知识，而较少将这些理论知识融入实际的案例和实践中。这导致学生缺乏对跨文化概念的深入理解。教学中可能过于抽象，没有提供足够的实际案例或情境供学生学习。这使得学生难以将理论知识应用到实际生活中。老师可能较少关注将跨文化概念与学生所处的当地文化相结合，使学生更好地理解所学知识在实践中的应用。如果教学更注重考试内容而非真正培养学生的跨文化能力，学生可能更倾向于追求应付考试的技巧而非真正的文化理解。解决这些问题的方法包括增加实际案例的引入，提供更多实践机会，鼓励学生参与文化交流活动，以及为教师提供更多的跨文化培训和资源。

2. **教师自身对于跨文化知识掌握欠缺**

教师可能受到自身文化背景的局限，缺乏对其他文化的深入了解，导致教学内容过于偏向某一特定文化，无法提供全面的跨文化视角。跨文化翻译需要对不同语境的敏感性，教师若未深入了解其他文化的语境，可能无法准确指导学生进行语境敏感的翻译。教师可能未能充分了解不同文化之间的差异，包括社会礼仪、价值观等方面，因此无法有效引导学生进行具体而敏感的跨文化翻译。教师可能未积极参与国际性的跨文化交流活动，缺乏实际的文化体验，从而无法为学生提供真实的案例和体验分享。教师可能在教材选择上偏向某一文化，忽视多元性，造成学生对其他文化的了解不足。解决这些问题的方法包括教师主动进行跨文化培训，积极参与国际性的教育交流项目，多角度选择教材，鼓励学生参与跨文化体验活动，以提升教师对跨文化知识的掌握水平。

3. 学生缺乏跨文化意识

学生可能对其他文化缺乏兴趣，对多元文化社会缺乏认同感，表现为对跨文化主题的冷漠态度。学生可能持有狭隘的文化观念，认为自己的文化优越，对其他文化存在偏见，难以理解和接受不同文化的差异。学生可能将语言学习仅仅看作是死记硬背，忽视语言背后的文化内涵，导致在翻译过程中无法准确传达文化信息。学生在跨文化交际中可能表现出不适当的交往方式，无法敏感地处理不同文化间的沟通和社交规范。学生可能对多元文化社会缺乏认知，只关注自己熟悉的文化，对其他文化的存在和贡献缺乏认识。学生可能逃避面对文化差异，不愿主动了解其他文化，缺乏积极的跨文化学习态度。解决这些问题的方法包括通过教育培养学生对跨文化的兴趣，引导他们拓展文化视野，鼓励学生参与跨文化交流活动，提供真实的文化体验机会，以及在教学中融入丰富的跨文化案例和教材。

4. 英语教材对于跨文化教育方面缺失

英语教材在跨文化教育方面的缺失可能会导致学生对不同文化的理解不足。这些缺失可能包括：英语教材可能主要以英美文化为主，而忽略其他重要文化的介绍。这导致学生对于全球范围内的文化差异了解不足。教材可能过于注重语法和词汇，而忽略语言背后的文化语境。学生可能只是机械地记忆表面的语言形式，而不了解语言背后的文化内涵。在涉及到文化差异的情境中，教材可能未提供足够的解释和说明，使学生难以理解文化差异对语言使用的影响。有些教材可能过于偏重于英美文化，而对其他英语使用国家和地区的文化了解较少。这会使学生对英语的全球使用范围了解不够。为解决这些问题，教材可以更多地融入来自不同文化背景的案例、对话和实际语境。同时，引入丰富的跨文化话题，帮助学生了解不同文化之间的共同点和差异，促使他们更全面地理解英语的多样性。增加对非英美文化的涵盖，让学生在学习英语的同时，也能拓展对其他文化的认知。

（三）大学英语翻译教学中对学生进行跨文化意识培养的策略分析

1. 提高教师的跨文化综合素养

教师可以通过不断学习、阅读相关文献、参加国际学术交流等方式，提升自己的学科知识和跨文化素养的融合水平。通过参与国际性的学习项目、交流活动，增加老师的国际化经历，提高对不同文化的理解和适应能力。多元的文化体验，例如欣赏不同国家的电影、音乐、文学作品，可以拓展教师的文化视野，帮助他们更好地将跨文化元素融入到教学中。运用创新的教学方法，如角色扮演、案例分析等，使学生能够更深入地理解中美两国的文化差异，并培养跨文化意识。

2. 开展以实践为主的教学活动

将课程设计为实际应用导向，注重培养学生的实际翻译能力，让学生在实践中更好地理解文化差异。通过角色扮演等活动，让学生亲身体验文化差异，同时老师要在实践中对文化差异进行深入解释。利用多媒体手段，鼓励学生进行自主研究，通过查找资料、展示研究结果，培养学生的主动学习和跨文化认知能力。运用讨论式教学，促使学生就文化差异进行深入交流和思考，培养他们的跨文化交际能力。

3. 深入理解词汇文化内涵

强调在词汇教学中，不仅要传授词汇的字面意义，更要深入解读其中的文化内涵，让学生理解词语在不同文化中的差异。将词汇的含义与其所处文化背景结合，通过案例、故事等方式，帮助学生建立起对词汇文化内涵的深刻理解。提供中西方文化中词汇的异同点，让学生通过对比理解不同文化对同一词汇的不同诠释，培养他们的跨文化敏感性。

4. 在翻译教学中增加对于本土文化的渗透

着重在英语翻译课程中，通过学习本土文化的元素，使学生能够在翻译中传递中国传统文化的价值观和特色。通过将中西文化有机融合在教学中，培养学生对中西文化之间的相互影响和交流的理解，使其在翻译过程中更富有文化敏感性。

引导学生在学习英语翻译时避免盲目西化，而是将其与中国本土文化相结合，形成一种更有深度的跨文化认知。

四、写作教学

文化渗透在跨文化英语写作中的应用确实是促进学生文化输出能力的有效途径。通过深入研究英语写作的特点，高校可以优化英语写作的教学系统，以提高教学质量和效果。在英语写作教学中，注重引入不同文化的元素，让学生了解不同文化对于写作的影响。通过分析和比较，学生能够更深刻地理解文化差异，从而在写作中更好地表达跨文化意识。设计多样化的写作题材，涵盖不同文化背景下的主题。通过让学生从不同文化视角出发进行写作，培养他们跨文化思维和观察力，提高文化输出的能力。

（一）跨文化视域下大学英语写作教学需求

在跨文化视域下，大学英语写作教学面临多方面的需求和挑战。强调教师和学生对跨文化写作理论的深刻认识，包括文化对写作方式和逻辑的影响。这需要建立起对多元文化的尊重和理解，引导学生意识到文化差异在写作中的存在。建立适应不同文化语境的写作理论框架，使学生能够理解并应对跨文化写作中的语境差异。这包括对语言、修辞和表达方式的适应性学习，使学生能够在不同文化中更加流利地表达自己。通过实际写作任务，培养学生在不同文化场景中进行有效表达的能力。这可能涉及到写作作业，小组合作，以及实际交流中的书面表达。利用多元文化资源，包括文学作品、历史资料、当地习俗等，作为写作素材。这样的实践可以帮助学生更全面地了解文化背景，使其写作更具深度和广度。分析跨文化写作的实例，引导学生深入研究不同文化下的写作方式，促使他们思考如何在写作中处理文化差异，增进他们对写作的深刻理解。设计与实际语境紧密相关的写作任务，让学生在真实的跨文化场景中进行写作。这样的实践可以提高学生的实际运用能力，使他们更好地适应不同文化语境。通过理论和实践的结合，大学英语写作教学可以更好地满足跨文化背景下学生的需求，培养他们更全面、更适应不同文化环境的英语写作能力。

（二）跨文化视域下大学英语写作教学难点及问题

1. 跨文化视域下英语写作教学标准尚未统一

不同文化对于写作的要求和标准存在差异，但当前的英语写作教学标准往往更侧重于语法、结构和修辞等方面，对文化元素的融入较少。因此，缺乏统一的标准来指导在写作中如何处理和融入跨文化元素。不同学校、地区、国家可能采用不同的评价体系，这导致了英语写作教学中评价标准的多样性。缺乏统一的评价标准可能使学生难以适应不同环境下的写作要求。跨文化视域下，不同文化对于写作的文体和风格要求存在显著的差异。然而，目前的英语写作教学标准较少涉及到这方面的规范，缺乏针对性的指导和标准。当前的英语写作教学标准普遍以标准英语为主，而在跨文化的环境中，多元英语的应用也变得重要。标准对于不同英语变体和口音的处理尚未统一，导致了在写作教学中存在一定的模糊性。跨文化写作教学需要更强调文化教育，但当前标准中文化元素的介入和教学相对薄弱。统一的标准应更加注重培养学生的跨文化意识，使其能够在写作中更好地表达不同文化的思想和观点。解决这些问题的关键在于建立一个更为全面、包容和适应多元文化的英语写作教学标准，以便更好地指导学生在跨文化背景下进行英语写作。

2. 教育机构英语教师的跨文化写作教育经验匮乏

教育机构的英语教师可能对于学生的具体文化背景了解不足，无法深刻理解学生在写作中可能面临的跨文化难题。对于不同文化的写作风格和习惯的了解不足，导致教学时难以提供有针对性的指导。教育机构英语教师在跨文化交际技能方面可能存在不足，难以引导学生在写作中更好地处理跨文化交际的挑战。这包括了解不同文化间的交际模式、礼仪、敬语等方面的知识。跨文化写作往往需要借助于其他学科领域的知识，如人类学、社会学等。教育机构的英语教师可能缺乏相关的跨学科知识，难以为学生提供更广泛的跨文化写作背景知识。由于对于跨文化写作教育理念和方法的了解不足，教育机构的英语教师在选择教材时可能未能充分考虑到跨文化元素，使得学生接触到的内容缺乏文化多样性。教育机构未能为英语教师提供足够的跨文化写作教育培训机会。缺乏培训可能使得英语教师无法及时更新教学理念和方法，从而满足跨文化写作教育的需求。为解决这些问题，教育机构可以通过为英语教师提供相关的跨文化培训、鼓励教师参与国际学术交流、更新教材等方式来提高英语教师的跨文化写作教育经验。这样可以确保教育机构更好地适应跨文化写作教学的需求，提高教学质量。

3. 大学生跨文化知识储备不足

学生可能对其他文化存在刻板印象，只了解一些表面现象而不深入理解其他文化的多样性。这可能导致他们在写作中过于一概而论，缺乏深度和细致的跨文化分析。学生在写作中可能难以准确运用其他文化的语言风格和表达方式。他们可能在语言使用上显得生硬或过于正式，无法真实地传达出其他文化的习惯和惯例。学生可能忽视了不同文化之间的一些重要差异，例如礼仪、社会规范、信仰体系等。这导致他们在写作中难以意识到文化因素对于语言表达的深远影响。学生可能过于以西方文化为中心，对于其他文化的了解相对较少。这种西方中心主义可能在写作中表现为以西方价值观为标准来评价其他文化，忽略了多元文化的存在。学生可能缺乏与其他文化直接互动的实践经验，只是通过书本知识学习。实际的跨文化体验对于更好地理解和运用其他文化的语言至关重要。

（四）国外跨文化英语写作教学经验

采用分层的教学方法，根据学生的英语水平设计多层次的英语写作教学计划。这有助于满足不同水平学生的需求，确保每个学生在相同的教学标准下能够更好地理解和应用英语写作知识。在教学中注重了解英语和母语的文化差异和共同点，以促进学生对英语写作的深刻理解。通过引导学生了解不同文化的语言特点，突破语言壁垒，提高跨文化英语写作的能力。在加拿大的教学中，通过组织英语剧作创作活动，让学生在实践中应用英语写作知识。这种实践项目既能锻炼学生的创作能力，也促使他们更深入地理解英语文化。在芬兰，通过考虑移民的多元性，注重跨文化交流，帮助学生更好地融入英语写作的学习中。这有助于拓展学生的视野，培养他们更广泛的跨文化意识。在我国大学英语写作教学中，可以借鉴这些经验，通过制定分层次的教学计划、注重文化差异教学、设计实践项目等方式，提高学生的英语写作水平和跨文化表达能力。同时，也需要结合中国的国情，创新英语写作教学模式，使之更符合我国学生的实际需求。

（五）基于跨文化视域下的大学英语写作教学策略

1. 积极开展跨文化视域下英语写作课程教学实践

在英语写作课程中，老师可以整合跨文化元素，包括英语文学、美术创作、电影和电视剧等。通过这些元素，学生可以更好地理解和体验不同文化的语境，培养跨文化写作的能力。引导学生阅读英语文学作品，从中感受不同文化的思想、价值观和表达方式。通过文学作品，学生可以更深刻地理解英语文化，为跨文化写作提供灵感。鼓励学生通过美术创作表达对英语文化的理解和感悟。可以进行绘画、手工制作等活动，让学生通过艺术的方式展现他们对文化的理解。利用英语电影和电视剧进行视听教学，让学生通过视觉和听觉感受不同文化的生活场景和语言表达。这有助于培养学生对语言文化的直观感知。关注学生的兴趣点，引导他们选择自己感兴趣的文化元素进行写作。可以通过小组讨论、展示等方式，促使学生在跨文化写作中展现个性和创造力。老师在跨文化英语写作教学中要灵活运用不同的教学方法，如小组合作、角色扮演、实地考察等，以激发学生的学习热情和参与度。培养学生独立思考和学习的能力，让他们在英语写作中能够主动地去探索和运用跨文化元素，形成自己独特的写作风格。通过以上实践，可以更好地促进学生在跨文化背景下的英语写作能力的提高，培养他们对不同文化的敏感性和包容性。

2. 强化英语跨文化写作教学的教育等级制度应用

将教育等级制度引入英语跨文化写作教学是一个很好的方法，它有助于提高教学水平、解决问题、提高效率和效果。以下是一些关键点：针对不同的英语写作水平，理清各种分级体系的教学准则是至关重要的。这包括明确每个等级的学习目标、教学方法、评价标准等，以便更有针对性地进行教学计划。针对 C 级学生，教学应注重提高其英语写作表达能力、英语语言解释能力以及英语文化理解。通过接触英语文化和汉语文化，帮助他们了解文化之间的异同，为后续学习打下基础。针对 B 级学生，教学计划应涵盖英语写作技巧、文化知识与语言文化应用以及汉语语言文化的共性。逐步增加难度，确保学生在这一阶段的学习顺利过渡到 A 级。针对 A 级学生，可以通过英语文学和艺术评价、英语文化研究以及英语和汉语两种语言写作技能的相互运用来制定课程计划。逐步增加课程的难度，提高综合能力。加强英语写作水平的评价是必要的，这有助于更好地了解学生在不同阶段的学习情况。通过评价，可以确保同一时期的英语写作教学水平达到一致，解决个性化差异问题。尽管有等级制度，但教学也要保持一定的灵活性，根据学生的实际情况进行调整。每个学生的学习速度和能力都有差异，教学应该能够满足个性化需求。通过以上实践，可以更好地促进学生在跨文化背景下的英语写作水平的提高，使教学更有针对性、系统性和科学性。

3. 优化跨文化视角下英语写作教学评价体系

将跨文化写作作为评价的核心内容，强调学生对英语文学作品的欣赏和理解。评价体系应该考察学生在写作中是否能够体现跨文化的视野，是否能够有效分析和表达文化差异。在评价中引入英语文学和文艺的创作要素，鼓励学生在写作中体现创造性和文学审美。这有助于提高写作的艺术性和文学性，同时促使学生更好地理解文化内涵。根据学生的实际情况和学习动力，合理设计考试的主题和内容。这可以包括结合实际情境的写作任务，以及关于文化差异的讨论和分析，使评价更加贴近学生的学习需求。评价体系不仅仅应该关注成绩好或学习能力差的学生，而是要考虑整个班级的整体学习水平。设定阶段性的教学评估目标和整体的教学评估目标，确保整个班级在跨文化视角下的英语写作教学中都有所提高。建立循环性的评估和反馈机制，及时发现学生在跨文化写作方面的问题，并提供具体的建议和指导。通过不断的反馈，学生可以逐渐改进写作，形成良性循环。评价体系应该鼓励学生的自主性和创造性，培养他们独立思考、自主学习的能力。这有助于学生更好地应对跨文化写作的挑战，提高他们的写作水平。通过这些方法，可以使跨文化视角下英语写作教学评价体系更加贴近实际需求，促进学生在文化交融中提高写作水平，创造更好的学习氛围。

五、听力教学

在听力教学中融入更多的文化元素，包括但不限于特定节日、习俗、社会礼仪等。通过真实场景的听力材料，学生可以更好地理解语言和文化之间的联系。在课堂中设计各种跨文化交际活动，例如模拟跨文化对话、角色扮演，帮助学生在实际情境中锻炼跨文化交际技能。这有助于提高学生的文化适应力和理解他人的能力。提供丰富多样的听力材料，包括真实的采访、演讲、电影对话等，以便学生能够接触到更多不同语速、口音和文化背景的英语表达。这有助于提高他们在真实语境中的听力水平。通过这些对策，可以更好地培养学生的跨文化交际能力，使他们在听力过程中更好地理解和应对不同文化背景下的语言表达。

（一）跨文化交际能力与听力教学的关系

跨文化交际能力在大学英语听力教学中的关系确实至关重要。这种关系主要体现在以下几个方面：跨文化交际能力使学生更能理解不同文化背景下的语境。听力不仅仅是对语言的理解，还需要考虑语境、背景和文化因素。学生通过跨文化交际的培养，能更好地理解英语中的隐含信息和文化内涵。英语作为一种全球性语言，有着多种口音和语速。跨文化交际能力培养学生对于不同口音的适应力，使他们能够更轻松地理解来自不同英语国家的说话者，提高听力的准确性。跨文化交际让学生接触到更广泛的词汇和表达方式。这有助于学生在听力中更好地理解并运用不同文化和背景下的用词方式，增加他们的语言表达的多样性。跨文化交际培养学生对不同文化的认知和理解，使其能够更好地理解听力材料中可能涉及的文化内涵。这种文化认知有助于学生更全面地理解听力内容。跨文化交际能力提升学生在实际交际中的能力，使他们更好地应对各种跨文化交际场景。这对于在听力中更好地理解说话者的意图和情感非常重要。在大学英语听力教学中，通过有针对性地培养学生的跨文化交际能力，可以更全面地提升他们的听力水平，使其在真实语境中更灵活、准确地理解和运用英语。

在英语学习中，听力是打开语言大门的重要途径之一。传统的教学方法有时候过于侧重语言本身，而忽略了语言的交际和文化背景。对于提高听力水平，了解和融入语言的文化背景是至关重要的。文化不仅仅是一门语言中的词汇和习惯，更是一种思考方式、价值观念和社会习俗的反映。在学习英语听力时，了解说话者可能的文化差异，对于理解他们的表达方式和语境非常有帮助。跨文化交际的培养也能帮助学生更好地适应不同口音和语速，因为在真实的跨文化交际中，他们会接触到各种不同地区和国家的英语。这样的经验有助于他们更灵活地应对真实语境中的听力挑战。因此，在大学英语听力课程中，将文化背景融入教学，引导学生通过真实的听力材料了解语言背后的文化信息，同时培养跨文化交际能力，可以使学生更全面、更深入地理解和使用英语。

（二）大学英语听力障碍的影响因素

听力理解的确是一个相当综合的过程，涉及多个方面的因素。心理因素、语言因素和文化背景因素都是影响听力效果的重要因素。学生的学习动机、自信心、注意力等心理因素对听力的效果有着显著的影响。一位对学习充满热情、具有积极态度的学生可能更容易克服听力难题。同时，焦虑、紧张等心理状态可能成为听力理解的障碍学生的语言知识水平对听力理解至关重要。语音、词汇、语法等方面的问题可能导致学生难以理解听到的内容。提高学生的语言水平，尤其是词汇量和语法掌握，是提高听力能力的一个重要方面。正如前面提到的，文化背景对于理解语言的重要性不可忽视。语言是文化的反映，不同文化的说法、表达方式、习惯等都可能影响听者对语言的理解。培养学生的跨文化交际能力，帮助他们理解不同文化背景下的表达方式，是大学英语听力教学中的一项重要任务。针对这些因素，教学中可以采取一系列策略，包括提高学生学习动机，建立积极的学习氛围，提供丰富的听力材料，注重语言知识的系统学习，以及引导学生了解英语国家的文化和社会背景等。通过综合性的培养，学生可以更好地应对各种复杂的听力环境。

母语文化的思维方式、价值观念、表达习惯等都会影响学生对英语听力任务的处理方式。母语文化的思维方式会影响学生对语言信息的处理逻辑。例如，在解决问题或理解语篇时，不同文化可能有不同的思考方式，这可能导致学生对听到的内容产生误解或陷入困境。不同文化对于表达方式的偏好也可能导致学生在英语听力中难以准确理解说话者的意图。有些表达在英语中可能是常见的，但在汉语中可能较为罕见，或者反之。对于社会和文化的认知差异也会影响学生对听力内容的理解。有些文化背景下的隐含信息可能对于学生来说不够显而易见。在课程中引入跨文化交际的元素，帮助学生理解英语国家的文化背景，包括表达方式、社交礼仪等。这有助于学生更好地理解听力材料中的文化内涵。提供丰富的听力材料，覆盖不同主题、语境和文体，使学生能够接触到多样化的语言表达和文化元素。创造一个鼓励学生跨文化交流的学习环境，例如通过与外国教师、同学的交流，促使学生更积极地融入英语文化环境。通过这些方式，可以逐步帮助学生打破母语文化的束缚，更好地适应英语听力的挑战。

（三）大学英语听力课堂跨文化意识的培养

1. 加大背景知识输入，注重对比教学

加强对比教学和注重背景知识的输入，可以有效地帮助学生更好地理解和应对英语听力中的文化差异。通过向学生介绍有关西方国家的习俗、文化、社会背景等信息，可以提高学生对听力材料中文化内涵的敏感度。提醒学生去阅读一些经典文学作品或观看相关的影视作品，这可以是英语国家的文学作品或反映英语国家文化的电影、电视剧。这不仅能够提供更生动的文化描绘，还能够让学生通过情节更深刻地理解文化差异。如果有条件，可以组织学生参与一些模拟活动，体验英语国家的一些传统活动或庆典，例如模拟西方节庆、聚餐礼仪等。通过实际体验，学生能够更深入地理解文化的差异。在教学中引入一些实际案例，例如真实的跨文化交际故事，让学生通过案例分析深入了解文化差异对交际的影响。这有助于培养学生的文化敏感性。定期组织学生进行小组讨论，分享他们对不同文化的理解和感受。这种互动可以促使学生更深入地思考文化差异，同时也能够提高他们的口语表达能力。通过这些方法，可以使学生更主动地融入到英语文化中，减轻他们在听力过程中对文化差异的困扰，从而更好地应对英语听力任务。

2. 拓宽听力内容

提供多样化的听力内容，涵盖不同主题、风格和体裁，包括政治、经济、历史、文化、风俗、人文和体育等方面。这有助于学生更全面地了解外国文化，培养文化交际的能力。通过丰富的听力材料，学生可以更好地适应英语国家的不同场景和语境。

3. 充分利用多媒体及网络资源

利用现代科技手段，如多媒体教室、视听教室、英语广播站等，将有声的资料、

视频、电影等形式生动地呈现给学生。这不仅增强了听力教学的趣味性，也提供了更真实、贴近生活的语境。鼓励学生在业余时间利用网络资源学习，这种自主学习的方式可以有效巩固在课堂上学到的知识。同时，着重提到对学生进行语音、词汇和语法等基本技能的培训，这是确保听力理解的基础。调整学生的心态，帮助他们克服紧张和焦虑，是提高听力水平的另一个重要方面。

跨文化交际确实是一个挑战，但也是一个机遇。对于英语听力教学来说，理解和融合语言与文化是至关重要的，因为语言背后常常承载着文化的瑰宝。通过循序渐进的方式进行英语听力教学，从简单到困难、由浅到深，是非常明智的方法。这样的有机过渡不仅使学生逐步适应英语语境，还有助于培养他们的兴趣和自信心。操之过急可能导致学生失去兴趣，无法真正理解和融入新的语言文化。教师和学生的共同努力确实是实现这一目标的关键。教师在教学中扮演着引导者和激励者的角色，而学生则需要积极主动地参与学习，拓展自己的语言和文化视野。相信在这样的合作下，培养出的学生将成为具备跨文化交际能力的高素质人才。这对于他们未来的学习、工作和人际交往都将产生深远的影响。

第二节 英语教材建设

一、对接文化“走出去”战略，加强英语教材建设

在全球化的时代，文化的传播和理解变得至关重要，而英语作为国际交流的主要语言，更是扮演着重要的角色。对中国而言，通过英语表达中国文化是推动文化“走出去”战略的关键途径之一。在英语教学中，过度强调导入西方文化而忽视中国文化的现象确实需要引起关注。这可能导致学生对中国文化的了解不足，无法在国际舞台上真正代表和传播中国的价值观和文化精髓。

在英语教学中，应当更加注重平衡西方文化和中国文化的介绍。教材可以涵盖丰富的中国文学、历史、哲学、传统艺术等方面的内容，使学生能够全面了解中国文化。通过实际活动，如演讲、讨论、文化展览等，帮助学生运用英语表达中国文化。这样的实践性教学能够更好地激发学生的学习兴趣，提高他们的跨文化交际能力。鼓励学生亲身体验中国文化，可以通过文化交流项目、参观博物馆、传统手工艺体验等方式，使学生更深入地了解和感受中国文化。利用多媒体资源，包括音频、视频、网络等，向学生展示丰富的中国文化场景。这不仅提高了学生的听力水平，同时也加深了对中国文化的理解。在英语教学中引入跨学科的元素，将中国文化与其他学科结合起来，促进学科之间的互动，使学生更全面地学习中国文化。通过这些方法，可以更好地培养具有跨文化沟通能力和能用英语表达中国文化的人才，从而更好地推动中国文化的

传播和理解。

（一）中外跨文化交流趋势的变化

随着中国的崛起，对外交流和文化输出变得越来越重要。英语作为国际交流的主要语言，在这一过程中扮演了关键的角色。中国通过改革开放取得了巨大的成就，不仅在经济和科技方面取得了显著进步，而且在文化领域也逐渐成为一个备受关注的国家。中国的崛起吸引了全球的目光，成为国际社会关注的焦点之一。这使得中国有了更多的机会，也更需要通过对外交流来展示自己的文化和价值观。

英语的广泛应用为中国提供了一个更为广阔的舞台，使中国文化更容易被世界了解。文化输出不仅仅是翻译的问题，更需要中国人能够用流利的英语讲述和传递中国故事。这不仅对外国人了解中国有很大的帮助，也为中国在国际事务中发挥更积极的作用创造了条件。在这个过程中，中国逐渐由“输入为主”到“输出为主”，越来越多的中国文化元素通过英语被传播到世界各地。这不仅是文化的输出，也是中国对外交流的一种积极尝试。通过这种方式，中国有望更好地与国际社会进行对话，增进相互了解，促进国际文化的多元交流。

（二）英语教学亟需实现从“引进来”到“走出去”的转型

培养学生的跨文化交际能力是英语教学的一项重要目标。语言是文化的载体，而学生要在跨文化交际中取得成功，不仅需要掌握目标语言的语言知识，还需要了解目标文化的背景、价值观念、习惯等方面的知识。中国的文化底蕴深厚，但确实面临一些年轻一代对本土文化了解不足的问题。现代社会的信息传播确实更注重时尚和流行，而传统文化却可能被边缘化。在这个情况下，通过英语实现中国文化的“全球化”是一种有效的方式。通过英语，中国的文化元素可以更广泛地传播到国际舞台，也让学生在学习英语的同时更深入地了解和关注中国文化。关于文化自我放逐和去传统化的问题，确实需要引起重视。在信息时代，文化传承和自我认同成为了一项紧迫的任务。学校和教育机构在英语教学中可以更有意识地融入本土文化的元素，让学生在学习英语的同时感受到自己文化的魅力。此外，借助现代科技手段，可以设计富有创意和吸引力的文化教育活动，让学生更主动地去了解和关注本土文化。通过这样的努力，可以帮助学生建立对本土文化的自豪感和自信心，使他们在跨文化交际中更加从容自信地展示中国文化。这也有助于培养具有全球视野的人才，更好地服务于国家对外开放和国际交往。

高等院校在培养人才、尤其是在中国文化“走出去”战略中发挥着关键作用。英语教育作为培养跨文化交际能力的主要途径之一，需要更注重中国文化的传播和表达。确实，在过去的英语教学中，重点更多地放在了西方文化的导入上，而忽略了学生对本国文化的了解。这可能导致学生在跨文化交际中出现“用洋文出洋相”的情况。如今，国家的文化“走出去”战略需要更多的英语人才来承担这一使命。为了更好地实现这一目标，高校的英语课程确实需要进行转型，使学生不仅具备英语语言基础和西方文化的了解，还能够用英语表达中国文化。这就要求英语教育在内容设置上更加平衡，既要满足学生的专业学习和国际交流需求，同时也要关注国家战略需求。培养学生的英语水平同时也培养他们对中国文化的理解和表达能力，让他们能够在国际舞台上更好地展示中国文化的魅力。这样的转型不仅有助于中国文化在国际上更好地传播，也能够促进中国与世界的更好互通。只有通过更多的交流和了解，中国文化与世界文化才能真正实现交融，为国际社会的文化多样性作出更大的贡献。

（三）对接文化“走出去”战略，加强英语教材建设

教材在英语教学中扮演着关键的角色，它不仅仅是传递知识的工具，更是塑造学生文化视野的重要媒介。对于中国文化在大学英语教材中的边缘化问题，确实需要引起足够的关注。英美文化在这些教材中占主导地位，而其他英语国家的文化占比相对较低。更令人担忧的是，中国文化几乎被忽略，这与中国在国际舞台上的影响力和文化底蕴不相符。在当今世界，跨文化交际已经成为常态，特别是在“一带一路”沿线国家之间。如果大学英语教材无法反映这种多元文化的现实，学生在实际应用中可能会面临一些挑战，甚至产生误解。因此，对大学英语教材进行全面的文化内容改革是非常有必要的。这包括更加平衡地引入来自不同英语国家的文化，特别是加强对中国文化的介绍。这不仅有助于学生更好地理解多元文化，还能够提高他们在国际交往中的跨文化交际能力。改革可能需要一些时间和资源，但为了培养更具全球视野和跨文化沟通能力的英语人才，这是非常值得投入的。

学科建设和教育的目标应该与国家战略和社会需求相契合，以确保学科的发展能够有效地满足社会的要求。从研究成果来看，对中国文化在英语教学中的表达确实还处于初级阶段。在英语教学领域，关注中国文化的英语表达是非常重要的，特别是在当前中国的崛起和全球文化交流的背景下。这样的研究不仅可以为培养更具国际竞争力的英语人才提供支持，也能够更好地传播中国文化，增进国际社会对中国的了解。教材的更新和改革是其中的一项关键举措，应该更好地反映中国文化，让学生在英语学习的同时更深入地了解中国的历史、传统、价值观等方面。此外，拓展中国文化的教育和传播途径也是至关重要的。可以通过更多的文化活动、讲座、线上资源等方式，使学生更主动地了解和体验中国文化。总体而言，促使中国文化在英语教学中更为突出，需要从学科建设、研究成果传播、教材改革等多个方面共同努力，以实现更有深度和广度的发展。

教材在塑造学生知识结构和培养素质方面扮演着关键的角色。将中国文化内容融入英语教材中是一项具有战略性意义的工作，对培养更具国际竞争力的英语人才和推动中国文化“走出去”都有积极的影响需要组建一支专业的教材编撰队伍，包括具有丰富英语教学经验和深厚中国文化素养的教育专家。团队成员应具备跨文化交际的理论知识和实践经验，以确保教材既能够传递语言知识，又能够深刻地展现中国文化。

制定明确的编撰原则，确保教材既符合英语教学的基本要求，又能够循序渐进地引导学生了解和理解中国文化。注意教材内容的系统性和科学性，使之既有深度，又易于学生理解和接受。在选择具体的教学内容时，要广泛涵盖中国文化的方方面面，包括但不限于历史、文学、艺术、哲学、传统节日、习俗等。内容应当符合学科教学大纲，并能够引发学生的兴趣，激发他们深入学习的欲望。此外，还要考虑到不同年级和学科的差异，根据学生的认知水平和学科发展的需要进行差异化的设计。教材的编写过程需要紧密结合英语教学的实际情况，与学科建设、国家战略相互配合，确保教材既符合学科建设和教学要求，又符合国家对英语人才的培养需求和文化“走出去”的战略布局。这是一项挑战性的工作，但通过认真的策划和有序的推进，相信可以取得显著的成果。

1. 编撰队伍

建立一个多元化而专业的编撰队伍是确保新型英语教材成功的关键。专注于中西两种语言和文化之间的跨文化交际，具有深厚的语言学和文化学背景。他们能够理解不同文化间的差异，确保教材既符合西方学生的认知方式，又真实地传递中国文化。具有丰富的英语教学经验和英语教材编写背景。他们了解学生的学习需求，能够设计有效的教学方法和评估方式，确保教材符合英语教学的基本原则。对中国社会、政治、经济等各个方面有深入研究的学者，能够提供关于中国国情的全面和及时的信息。他们的洞察力有助于确保教材内容贴近当代中国的发展。在向非汉语母语者教授汉语的领域有专业知识的学者，能够提供在跨文化交际中有效教授中文的方法和经验，确保英语教学中对中国文化的表达准确、生动。拥有国际视野的学者，包括母语为英语的专业人士和对中国文化有浓厚兴趣的国际汉学家。他们可以提供全球范围内对中国文化的接受程度和理解情况的反馈，确保教材的国际化。这个团队的多样性将有助于确保教材既有深度的文化内涵，又符合学科建设和学生需求。不同专业背景的专家将能够提供不同层面的建议和反馈，使教材更具权威性和广泛适用性。

2. 编撰原则

首先，跨文化交际研究通常涵盖了文化的各个维度，如个人主义与集体主义、权力距离、不确定性规避等。这些文化维度的理论框架可以被引入到教材中，帮助学生更好地理解不同文化间的差异。跨文化交际研究常常通过实际案例来说明理论观点。在教材中，可以引入真实的跨文化交际案例，让学生通过具体事例来了解文化冲突、误解的原因，并培养他们解决问题的能力。跨文化交际研究强调培养学习者的文化意识，使其在交际中更加灵活应对。教材可以通过文化观察、比较等方式，激发学生对于文化的敏感性和理解力。跨文化交际学科通常包含语言学、社会学、心理学等多个领域。在编写教材时，要将语言和文化的关系贯穿始终，帮助学生更好地理解语言背后的文化内涵。跨文化交际研究是一个跨学科的领域，包括了语言学、社会学、文化学等多个学科。在教材编写中，可以借鉴不同学科的理论和方法，使教学内容更加全面和多样。通过将跨文化交际研究成果融入到新型英语教材中，可以使学生更全面地了解和应对不同文化间的交际挑战，提升他们的跨文化交际能力。

对外汉语教学领域的研究成果对新型英语教材的编写提供了有益的借鉴和参考。在整合这些成果时，可以考虑以下几个方面：对外汉语教学领域常采用中西文化对比的方法，通过比较来帮助学生更好地理解中文和中国文化。这种方法可以在英语教材中得以借鉴，将英语和中国文化进行对比，帮助学生更深入地理解两者之间的关系。对外汉语教学中常强调实际教学案例的运用，通过实际情境来展示语言和文化的应用。在英语教材中引入真实的对外交际案例，使学生更加贴近实际应用，培养他们的实际交际能力。对外汉语教学中有关中国语言文化的讲座系列和专题研究颇丰。可以在英语教材中设置类似的文化讲座，通过系统的介绍，帮助学生深入了解中国文化的方方面面。跨文化交际研究中常强调文化沟通策略的培养，使学生能够在交际中灵活运用。这方面的研究成果可以为英语教材提供启示，使学生能够在使用英语表达中国文化时更具文化敏感性。对外汉语教学中有综合运用中西文化资源的经验，可以在英语教材中引入，使学生更全面地了解和运用中西文化的知识。通过借鉴对外汉语教学领域的研究成果，可以丰富新型英语教材的文化内容，使其更符合培养文化“走出去”人才的需求。

再次，培养学生的对比分析和审辨性思维能力是非常重要的，尤其在涉及不同语言和文化的教学中。在编写教材时，可以采取一些策略来实现这一目标：将英语和中文的表达方式、语法结构、习惯用语等进行对比性编写，让学生直观地感受到两种语言的不同之处。在教材中引导学生理解中文和英文的思维方式差异。例如，中文可能更注重含蓄和委婉，而英文可能更直接和明确。通过解读思维方式，培养学生灵活运用不同思维方式的能力。教材可以通过故事、传统文化解读等方式，展示语言背后的文化内涵。比如，介绍中国的传统节日、礼仪、信仰等，让学生理解语言与文化的紧密联系。引入实际的跨文化沟通案例，让学生分析其中涉及到的语言和文化因素，培养他们的交际智慧和对比分析能力。在教材中提供文化差异的启示，鼓励学生从中体会到不同文化的独特之处，并学会以开放的心态去理解和尊重。通过以上策略，学生将能够逐渐形成对比分析和审辨性思维的能力，更好地应对跨文化交际的挑战，同时也提高了他们对语言和文化的整体理解水平。

最后，教材编写要注重中译外技能的训练。中译外技能的训练确实是培养学生用英语表达中国文化的重要一环。在教材中加入实际的中译外练习，让学生通过翻译中英文本，深入体会语言和文化的转换过程。这可以包括从简单的句子到复杂的段落，逐渐提升难度。在教材中提供文化背景注释，帮助学生理解中文表达背后的文化内涵。这有助于他们更准确地选择英文表达方式，使翻译更富有文化特色。引入实际的翻译案例，分析其中的语言和文化难点。通过学习成功或失败的案例，学生能更深刻地理解中译外的挑战和技巧。针对中英语言结构的不同，进行对比分析。例如，英语可能更注重主谓宾结构，而中文可能更灵活运用主谓宾状结构。这有助于学生理解语言背后的文化差异。设置讨论环节，让学生分享他们在中译外过程中的体会和困惑。通过相互交流，促进对跨文化翻译的深入理解。中译外技能的培养需要结合理论与实践，通过系统的训练，学生将更加熟练地运用英语表达中国文化，实现文化“走出去”的目标。

3. 编撰内容

传统的单向导入西方文化的教学方式确实有局限性，而新型教材应该以更全面的视角来培养学生的跨文化交际能力。教材应该同时涵盖中外两种文化，确保学生在学习英语的同时，了解和理解中国文化的精髓。这有助于打破文化隔阂，培养学生的国际视野。强调中西文化的对比分析，让学生深入了解两种文化的异同之处。这种对比分析有助于学生更好地理解不同文化的沟通方式和思维模式。在教材中鼓励学生将所学的语言和文化元素进行融合。例如，在交际活动中，学生可以运用中文和英文相结合，创造出更具有文化特色的表达方式。教材设计应强调实际应用，通过真实情境和案例，让学生在跨文化交际中能够运用所学的语言和文化知识，提高实际交际能力。设置讨论环节，让学生分享自己对中西文化的认识和看法。通过互动，促进学生深入思考文化差异对语言使用的影响。教材编写可以与其他学科合作，引入历史、文学、艺术等方面的元素，使学生在学习语言的同时，也了解相关领域的文化内涵。通过这样的教学方式，学生将更全面地了解中外文化，具备更强的跨文化交际能力，更好地胜任国际交往和合作的需求。

确保教材既传承了中华文化的千年底蕴，又贴近当代社会的文化变迁，是非常关键的。这样的教材设计能够更好地满足学习者的实际需求，让他们在学习过程中不仅能够获取语言技能，还能理解当代社会的语境和文化背景。在教材中融入当今社会文化的方式有很多，例如：通过真实生活中的案例、故事、新闻等，展示当代文化现象。这可以帮助学生更好地理解课程内容，并将语言技能应用于实际情境。利用现代科技，引入多媒体资源，如视频、音频、图片等，展示当今社会的文化表现形式。这样的资源更贴近学生的学习习惯。安排学生参与各种互动活动，比如讨论、小组合作项目等，让学生通过亲身经历感知当代文化的多样性。鼓励学生进行小规模文化研究项目，让他们深入了解某一方面的当代文化，这有助于培养他们的独立思考和研究能力。将教材与当今时事相关联，通过学习相关话题，使学生更好地理解当代社会，同时提高他们对英语表达的需求。确保教材既传递深厚的文化内涵，又贴近学生的实际生活，可以更好地激发学生的学习兴趣，促使他们更主动地去探索和运用所学的语言和文化知识。

在编写教材时，需要权衡各种因素，确保内容既有代表性，又符合学习者的语言水平和实际需求。

（1）代表性和适合对外传播。

教材中选择的中国文化内容确实需要具有代表性，能够向外国人传递出中国的独特魅力。这可能包括中国传统节日、历史文化、艺术等方面的内容。然而，确保这些内容适合对外传播，需要对外国学生的文化接受度和理解能力进行合理估计。此外，确保内容能够以清晰、准确的英语表达是至关重要的。

（2）实用性。

教材中的文化内容应该是实用的，与学生的交际活动直接相关，能够在实际的语境中派上用场。这样的设计可以激发学生的学习兴趣，增加他们对学习的动力。实用性的文化内容可以包括社交礼仪、商务文化、日常交往中的文化差异等，这些都是学生在实际生活中可能会遇到的情境。

（3）避免过多文化内容。

这是一个很重要的平衡问题。确实，过多的文化内容可能会让学生感到压力，尤其是在英语语言能力尚未够强的情况下。适度的文化内容既能激发学生的兴趣，又不至于让他们感到不堪重负。此外，确保文化内容的层次性和渐进性，逐步引导学生适应和理解。

在实践中，一个有效的教材编写需要不断地进行教学实验和反馈，以便调整和改进。这样才能确保教材既符合学科的要求，又贴合学生的实际情况。

文化内容的选取应遵循以下原则：

（1）以现代文化为主：这个原则非常重要，因为现代文化更贴近学生的实际生活和工作需求。学习者在跨文化交际中最需要的是能够直接应用到日常生活和工作中的文化知识。通过教授现代文化，学生能更好地理解和适应当今社会的文化差异，增强他们的实际交际能力。

（2）以主流文化为主：这是确保学生能够适应广泛社交场合的关键。主流文化通常是一种普遍适用于社会大多数成员的文化，因此学习主流文化有助于学生更好地融入社会、理解他们所处的文化环境。避免区域性的亚文化，可以确保教材更具通用性，服务于更广泛的学习者。

（3）以生活文化为主：强调教材内容要紧跟社会发展的步伐，充分反映当代文化的特点。通过生活文化的介绍，学生可以更好地理解和融入当代社会，同时，对于来华外籍人士的需求的调研也能确保教材更符合实际应用的需要。这要求教材编写者保持对社会变化的关注，不断更新和优化教材内容。这些原则都有助于确保文化内容的选取既贴切又实用，使学生能够更好地应对跨文化交际的挑战。

推崇双向国际化理念是一种积极的变革，可以帮助培养具有国际视野和跨文化能力的人才。这样的人才不仅能够更好地参与全球交流与合作，也能够在国际舞台上展示中国的文化底蕴。

为了实现这一目标，英语教材的改革是必不可少的一环。教材内容的设计要更贴近现实生活和国际交往的需求，强调中国文化的介绍，使学生能够在学习英语的同时更深入地了解中国。这样的教材不仅能够培养学生的语言能力，还能够培养他们对中国文化的兴趣和理解。

培养具有中国文化底蕴的英语人才，不仅有助于国际间的文化交流，也是实现国家战略的需要。通过让学生学会“讲好中国故事”，他们能够在国际舞台上更好地传递中国的声音，同时也为中国文化的传承和发扬添砖加瓦。这样的人才既具备先进的语言技能，又具有丰富的文化内涵，成为推动国家软实力发展的重要力量。

因此，在英语教育和教材建设中，确实需要根据国家战略和社会需求进行有针对性的改革。这样的改革不仅有助于学生更好地适应国际化的环境，也为国家培养了更具综合素质的人才。

二、跨文化交际能力培养与跨文化外语教材建设

在当前全球化的背景下，跨文化交际能力的培养变得尤为重要。语言是文化的载体，而外语教学则是培养学生跨文化交际能力的有效途径之一。文化认知能力是这一能力体系中的关键组成部分，通过对文化的了解和学习，学生能够更好地适应不同文化环境，避免文化碰撞和误解，实现有效的跨文化交流。在外语教学中，文化教学是培养学生跨文化交际能力的重要环节。跨文化教材的建设，作为文化教学的具体实践，承担着重要使命。以 21 世纪 CBI 内容依托系列英语教材为例，这类教材在设计和编写上充分考虑了文化因素，通过丰富的文化内容使学生更深入地了解目标语言国家的社会、历史、习惯等方面的信息。这有助于学生在语言学习的同时，形成对不同文化的敏感性和理解力，提高他们的跨文化交际能力。跨文化外语教材的建设需要全面、系统、科学地考虑，以确保学生在学习外语的同时能够获得深刻的文化认知。这种教材的设计应该贴近学生的实际需求，注重实用性，避免过于理论化。同时，要注意避免对某一特定文化的偏重，应该呈现多元的文化元素，使学生在面对各种文化情境时都能够游刃有余。在教材编写的过程中，还需重视反馈机制，不断根据学生的学习效果和反馈意见进行调整和改进。这样的过程是一个不断优化的过程，通过经验总结和实践检验，逐渐形成更为完善的跨文化外语教材体系。总体而言，跨文化外语教育是培养具有国际竞争力的人才的必经之路。通过合理设计的教材，学生能够更好地理解和应对不同文化环境，为他们未来的跨国交流和合作打下坚实的基础。

（一）跨文化交际能力与文化认知能力

跨文化交际能力的要素和定义在不同学者之间可能存在一定的差异，但总体而言，对于文化认知和文化能力的重视是共通的。在不同的理论框架中，学者们都强调了对本族和异族文化的认知、理解以及对文化差异的灵活处理。Byram 提出的四要素，包括知识、做事能力、个人态度与价值观和学习能力，都涉及到对文化的认知和理解。特别是他在 1997 年增加的思辨性判断能力更加强调了对自己和他人文化的深层次理解。Chen 和 Starosta 的认知、情感和行为三维理论也突显了主体对文化知识的理

解和掌握，以及积极理解、欣赏和接受文化差异的主观意愿。文秋芳将跨文化交际能力分为交际能力和跨文化能力两个部分，其中跨文化能力包括对文化差异的敏感和容忍，以及处理差异的灵活性。杨盈、庄恩平提出的全球意识、文化调试、知识和交际实践四大能力系统，同样强调了对文化的敏感和处理能力。张卫东、杨莉则强调了跨文化交际能力是运用语言文化知识与异文化成员进行有效交际的能力，突显了文化知识在交际中的关键作用。这些理论和定义都反映了跨文化交际能力与文化认知能力的密切关系。在实际的外语教学中，培养学生对不同文化的认知和理解，以及灵活处理文化差异的能力是至关重要的。

（二）外语教学与文化认知能力培养

将跨文化交际能力等同于跨文化能力有助于拓展外语教学的视野，使其超越单纯的语言教学范畴。这种处理方法更加全面地考虑了语言和文化的紧密关系，强调了培养学生对文化的认知和处理能力的重要性。将跨文化能力视为外语教学的最终目的，进一步强调了文化认知能力在学生培养过程中的核心地位。这种观点有助于改变以往只注重语言技能的狭隘观念，使教育者更加关注学生对文化的理解、接受和运用能力。外语教学不仅仅是语法和词汇的传递，更是一个引导学生进入目标语言文化世界的过程。通过强调跨文化能力的培养，学生不仅能够更好地使用外语，还能更深刻地理解和尊重其他文化，从而更好地适应跨文化交际的需求。这种处理方法不仅有助于提高学生的外语交际能力，也符合当今社会跨文化交往的需要。在全球化的背景下，培养具有跨文化能力的人才变得尤为重要，因为他们能够更好地融入国际社会，促进文化之间的理解与合作。

1. 文化教学与外语教学

语言与文化的不可分性在外语教学中起着至关重要的作用。语言不仅仅是一种工具，更是文化的表达方式，是人们思维方式、价值观念、社会习惯的体现。因此，在学习一门外语时，理解相关文化是非常重要的。

韩晓玲和王淑杰提到的问题都突显了传统外语教学模式中的不足。只注重语言知识的灌输，而忽视了背后的文化因素，导致学生在实际语境中难以灵活运用所学知识。语言和文化的割裂使得学习者难以真正融入语境，理解语言使用的背后含义。

有效的外语学习需要更全面地考虑语言和文化的结合。将文化纳入教学，使学生能够更全面地理解语言的使用背后的文化内涵。这样的教学模式有助于提高学生的交际能力，使他们能够更自如地运用所学语言，并在跨文化交际中更好地适应。

在当今全球化的时代，跨文化交际能力越来越受到重视。因此，语言教育不仅仅是教授语法和词汇，更是培养学生的文化意识和跨文化交际能力。这种综合性的教学理念有助于培养更全面、更具有国际视野的语言学习者。这些观点确实反映了一个更加全面、综合的外语教学理念，将文化纳入外语教学的核心地位。张红玲的提法强调了不同学科的多样性，认为不仅仅是外语教学可以培养跨文化交际能力，其他学科也可以为此做出贡献。这种跨学科的视角有助于学生更全面地了解和理解不同文化。

陆晓红的观点则更加强调外语教学与文化之间的密切关系，将外语教学视为文化教学的一部分。这种观点有助于打破传统外语教学中语言和文化的割裂，使学习者在语言学习的同时能够更深入地了解相关的文化内涵。

综合这些观点，可以看出当前我国外语教育正在朝着更加全面、综合的方向发展。这种发展趋势有助于培养具有更强跨文化交际能力的学生，使他们在全球化的环境中更加游刃有余地运用所学语言和文化知识。这也符合当今社会对于全球化人才的需求。

2. 文化教学在外语教学中的尝试及存在的问题

选择符合学生语言和文化认知能力的文化内容确实是个关键问题，因为不同层次、不同背景的学生对文化的接受和理解程度各异。同时，确保文化教育的系统性和有针对性也是一个挑战，因为文化内容往往是多样而复杂的，如何有序地呈现和引导学生理解需要教师巧妙操作。

黄文红提出的过程性文化教学模式强调学生的主动探索和反思，这对于培养学生的跨文化交际能力是有益的。然而，如何解决学生对中西文化知识掌握不深刻的问题，可能需要更深入地思考教学方法和手段。或许可以通过更多的互动性和实践性的活动，以及引导学生深入了解文化背后的价值观、信仰等方面，来提高他们的文化认知水平。

总的来说，这些实践都是在尝试在外语教学中更好地融入文化教育，为学生的跨文化交际能力培养提供更有效的途径。在实践中积累经验、不断总结改进，应该能够更好地实现这一目标。

教材在教学中起到了至关重要的作用，因为它直接关系到学生对语言和文化的学习和理解。杨盈、庄恩平的调研发现了一些教材存在的问题，特别是在跨文化内容的涵盖度和深度方面。将语言知识结构与文化知识结构相结合的探索模式是一种有前瞻性的思路。通过在教学中融入更多的跨文化内容，可以帮助学生更好地理解语言背后的文化含义，提高他们的跨文化意识。这也需要教师在实际操作中灵活运用教材，可能需要对现有教材进行一些改编和补充，以满足跨文化外语教学的需求。在教材的选择和设计中，可以考虑引入更多真实的文化素材，例如文学作品、新闻报道、影视剧等，以便更全面地呈现目标文化。同时，注重设置激发跨文化思维的练习和活动，帮助学生在实践中培养跨文化交际能力。

将文化元素巧妙地整合到语言知识的教学中，使其成为语言学习的一部分，而非额外的负担。针对有限的课堂时间，选择跨文化内容中最为重要和有代表性的部分进行教学，以确保学生能够理解关键的文化概念和差异。通过设计启发性的活动和讨论，激发学生的兴趣，引导他们主动思考和探索跨文化交际的问题，培养批判性思维。利用实际情境和案例，让学生在实践中学习跨文化交际技能，加深他们对文化差异的理解。创造一个鼓励学生分享自己文化体验和看法的环境，促进学生之间的跨文化对话。对于学生而言，也需要培养他们对文化学习的积极态度，让他们能够在学习中享受到文化带来的丰富性和乐趣，而不是把文化学习视为一项繁重的任务。

（三）跨文化教学框架下的跨文化外语教材

1. 我国跨文化外语教材的研究和开发现状

尽管关于跨文化外语教材建设的研究论文相对较少，但是已有的研究表明，外语教育领域对于培养学生跨文化交际能力的需求日益凸显。这也反映在一些专家学者的观点和建议中，他们强调外语教材应该更好地反映目的语社会的多个侧面，同时指出现有的外语教材与跨文化外语教学的要求之间存在一定距离。在这方面，教材的改革和发展显然是必不可少的。有关于外语教材的市场调研也表明，大多数教材与跨文化外语教学的要求还有一定差距。因此，专家们建议教师在教材与跨文化教学的结合过程中持续探索和研究，积累经验，为新教材的研发奠定基础。

在外语教材的发展历程中，专家们也指出新型的外语教材趋向于更加注重文化、内容、综合等方面，具有更为灵活和实用的特点。这表明在未来，外语教材的发展方向将更加注重培养学生的跨文化交际能力，以适应当今多元文化的社会需求。虽然研究和发展尚处于初级阶段，但这一领域的共识和努力显示了外语教育界对于跨文化交际能力培养的日益重视。

2. 跨文化外语教材的题材选择

跨文化外语教材的设计和选择是培养学生跨文化交际能力的关键一环。常俊跃教授组织编写的系列教材很好地展示了如何通过系统性和科学性的方式引导学生了解不同国家的社会文化、历史文化以及自然人文地理，从而提升他们的跨文化意识和知识能力。这种涵盖多个“英语内圈国家”的教材设计为学生提供了更全面的视角，帮助他们更深入地理解各个国家的文化背景。

在跨文化交际能力的培养中，文化认知的重要性不可忽视。这种教材不仅提供了信息，还能够激发学生的兴趣，让他们在学习中获得更为系统和深入的文化认知。同时，教师在课堂中的巧妙设计和引导，以及对课外学习和体验的引导，都是培养学生跨文化交际能力的有效手段。在无法提供直接语境体验的情况下，充分利用文化教材创造“间接语境”是一种实用的教学策略，通过这种方式，学生也能够在课堂中丰富自己的文化知识。这一系列的教学方法和教材设计为学生提供了更为全面和深刻的文化学习体验，为跨文化交际能力的培养奠定了坚实基础。

3. 跨文化外语教材的练习设置

练习设置在跨文化外语教材中的作用确实十分关键。CBI 内容依托系列英语教材通过巧妙设计的练习不仅强调语言知识和技能的训练，更将文化内容融入其中，使学生能够在实际操作中巩固知识、转化技能，体现了教材的实用性和有效性。

特别是在问题思考环节，通过对不同文化模块的设计，编者有意识地引导学生进行中西文化的对比。这样的设计有助于激发学生对文化的兴趣，引导他们主动了解本族文化，并与异族文化进行比较。这种批评性或宽容性的跨文化意识的培养，促使学习者对教材中的文化内容进行反思和提问，加深了学生对文化差异的理解和认知。只有通过深入了解本族文化和异族文化，学生才能真正实现跨文化交际能力的提升。

这种练习设置不仅在巩固语言知识的同时强化文化认知，而且培养了学生主动思考和参与的能力，为他们在实际跨文化交际中更好地运用所学知识打下了坚实的基础。

4. 跨文化外语教材建设和使用需注意的问题

文化教学确实需要保持动态性，不仅要随着文化的不断演变而提高、修订和更新教材内容，还需要不断拓展研究对象，将视野扩展到更多的英语国家，如爱尔兰、印度、南非、尼日利亚等。特别是随着中国“一带一路”建设的推进，与沿线国家的人文交流与合作增多，编写介绍这些国家文化的外语教材具有重要意义，既可以填补跨文化交际能力培养的空白，又有助于使外语教材保持与时俱进，适应时代的发展。

另外，教师在跨文化交际能力培养中发挥着关键作用。他们需要不断提升自己的文化知识，培养批判性思维能力，具备高水平的文化修养和双重或多重文化理解力。只有教师在这方面具备了足够的能力，才能有效引导学生通过外语课堂培养跨文化交际能力。因此，教育工作者需要不断研究国外的教育理论、教学方法、教材建设和教师培训，结合中国学生的实际情况，制定有益于培养学生跨文化交际能力的外语教学体系框架。这样的努力可以使外语教育更好地适应当代社会的需求，培养更具国际竞争力的外语人才。

第三节　教师团队建设

教学质量的提升确实需要一个高效协作的教师团队。教育是一个群体性的事业，一个强大的教师团队可以相互激发，共同进步。团队的精神文化、运行机制、研究项目以及分享平台都是非常关键的方面。在精神文化方面，共享共建的价值观和教育理念可以促进教师之间的合作和共鸣，形成共同的育人目标。建立积极向上的工作氛围，鼓励团队成员相互学习和分享经验，可以有效提升整个团队的专业水平。运行机制的健全也是至关重要的。明确的岗位分工和任务分配，高效的信息传递和协同工作机制可以使得教师团队更有序地运作。同时，建立定期的交流和沟通机制，可以帮助及时解决问题，促进信息流通。在项目研究方面，团队可以共同参与教育研究项目，通过研究不断提升自身的教学水平。这种合作性的研究有助于创新教学方法，推动学校的教育教学工作。分享平台则是让教师团队成员交流心得、分享成功经验和教学资源的地方。这可以通过定期的研讨会、教学展示、在线平台等方式实现。通过分享，教师团队能够更好地共同成长。总的来说，全面建设教师团队是学校提升教学质量的一个重要途径。团队协作的力量能够更好地激发创新和活力，为学生提供更优质的教育服务。

一、锻造教师团队的精神文化，为教学质量提升蓄力

“教师团队精神是教师团队的灵魂”这句话说得很好。团队精神确实是一个团队凝聚力和向心力的来源。在教育领域，特别是在教学质量管理中，团队精神具有至关重要的作用。团队精神可以为整个教师团队设定共同的目标和方向。当团队成员都明确共同的教育理念和价值观时，他们会更容易协同合作，为实现这些目标而努力。团队精神可以在教师团队中创造一种凝聚力，使得成员之间建立更加紧密的关系。这种凝聚力有助于共享资源、经验和知识，促进共同学习和共同进步。团队精神还有助于建立有效的团队控制机制。在一个拥有良好团队精神的团队中，成员会自觉地遵守规章制度，共同维护教学质量的标准，形成一种自我监督的机制。团队精神是集体智慧的结晶，可以将每个成员的力量汇聚成整体的力量。通过团队的共同努力，可以更好地蓄积提升教学质量所需的力量。在教学质量管理中，一个具有积极团队精神的教师团队能够更好地应对挑战，迎接变革，实现共同的教育目标。

（一）构建团队发展愿景

构建共同的团队发展愿景是团队建设的重要一步。这个愿景不仅要体现团队的整体目标，还要激发每个成员的个人愿望，使之与整体目标相契合。南京市小营小学的例子很好地展示了如何在共同愿景的指导下，将团队成员的关注点明确地引向学生心理、体能和学习三个方面，从而在实际教学中取得成效。

一个成功的教学团队应该有明确、可操作的绩效目标，这些目标既要符合团队共同愿景，也要与个人愿景相结合。这种结合可以形成强大的凝聚力和对成员的长期激励。团队带头人在这一过程中扮演关键角色，需要认真了解团队成员的发展意愿，将团队愿景与成员个人愿景有效结合起来，引领整个团队共同成长。

南京市北京东路小学特级教师张齐华工作室的愿景很具有启发性，以工具撬动学习变革、以研究引领团队成长，这样的愿景不仅明确了目标，还强调了方法。通过工具和研究，推动学习的变革，促使整个团队不断发展。这种明确的愿景有助于团队成员明确方向，共同努力实现共同的目标。

（二）培植团队灵魂人物

团队中的灵魂人物扮演着至关重要的角色，他们的专业引领和管理协调能力直接

影响团队文化的形成和发展。在教育领域，这些灵魂人物既是专业领导者，又是团队管理者，需要在专业方面有卓越的能力，同时具备出色的领导和管理技能。总的来说，团队中的灵魂人物需要在专业领导和管理方面发挥双重作用，引领团队朝着共同的愿景迈进，并促进每个成员的个人成长。这样的团队文化和氛围有助于提高教学质量。

（三）营造团队情感氛围

在高校英语团队中，情感氛围的营造是至关重要的，它能够直接影响团队成员之间的合作、沟通和工作效率。团队成员之间应建立起相互信任和尊重的关系。这可以通过开放的沟通、共享成功和失败的经验以及互相支持来实现。信任和尊重是团队合作的基石，有助于打破沟通壁垒，形成积极的情感氛围。对团队成员的工作成就进行及时的激励和认可。这可以通过定期的团队会议、表彰活动或者简单的口头赞扬来实现。激励和认可可以增强团队成员的自信心，提高工作动力。团队成员应明确共同的工作目标和愿景。这有助于凝聚团队的力量，使每个成员都能够为实现共同目标而努力。共同的目标是情感共鸣的基础。定期开展团队建设活动，促进团队成员之间的交流和互动。这可以是团队午餐、户外活动、培训课程等形式，有助于拉近团队成员之间的关系。了解每个团队成员的个体需求和关切，提供必要的支持。这种关心个体的做法能够加强团队的凝聚力，使每个成员感受到被重视。出现冲突时，要及时、妥善地处理，以防止负面情感蔓延。采用开放、坦诚的沟通方式，解决问题，维护团队的和谐氛围。为团队成员提供职业发展机会，帮助他们实现个人目标。这种支持有助于建立良好的情感关系，增强团队凝聚力。通过以上方法，可以在高校英语团队中营造出积极向上、充满信任和合作的情感氛围，促进团队的发展和成员的个人成长。

二、健全教师团队的运行机制，为教学质量提升护航

确保整个团队对目标和任务有清晰的认识。这包括共同的教学质量目标、任务分工、时间表等方面。目标的明确有助于团队成员的统一行动。建立起高效的团队沟通渠道，确保信息的及时传递。这可以包括定期的团队会议、在线沟通平台、邮件等形式。沟通机制的畅通有助于团队协同工作。每个团队成员都应该清楚自己的角色和责任。这可以通过明确的职责分工表、团队章程等方式来实现。清晰的角色和责任有助于团队成员高效协同。教学工作具有一定的复杂性，因此需要一个灵活的工作流程，能够适应不同情境的需求。团队应该制定灵活、可调整的工作流程，以应对变化。团队成员之间应该共享资源和知识，形成一个共同的知识库。这可以通过建立在线文档、资源库、共享平台等方式来实现。共享知识有助于团队学习和成长。

（一）创新团队组织管理

在高校英语创新团队的组织管理中，建立有效的机制和管理体系是至关重要的。

以下是一些建议，可用于高校英语创新团队的组织管理：确保整个团队对于创新目标和愿景有清晰的认识。这有助于团队成员共同努力，形成统一的方向。在团队中设立明确的组织结构，明确各个成员的角色和责任。这可以通过制定组织章程、明确职责分工等方式来实现。为团队建立高效的沟通渠道，确保信息畅通。这可以包括定期的团队例会、在线沟通平台、电子邮件等形式。创建一个鼓励创新和实验的文化氛围。为团队成员提供尝试新方法、新理念的机会，并支持他们从失败中学习。定期评估团队的工作，收集成员的反馈。这可以通过定期的自我评估、同行评估、项目评估等方式来实现。团队成员之间要共享资源和知识。建立共享平台、知识库，促使团队成员互相学习和借鉴经验。为团队成员提供培训和发展机会，以提高整体素质。这可以是内部的技能培训、外部专业发展计划等。为团队建立创新基金或奖励机制，鼓励成员提出创新性的项目和想法。这可以激发团队的创新激情。建立共同的价值观和文化，形成紧密的团队凝聚力。共同的文化有助于团队成员更好地协同工作。通过定期的团队建设活动，增进团队成员之间的了解和合作，提高团队的凝聚力。通过以上的组织管理措施，高校英语创新团队可以更好地协同工作，推动创新项目的发展，取得更好的成果。

（二）开列团队任务清单

制定高校英语团队任务清单是确保团队工作有序推进的关键一步。以下是一些建议，可用于开列高校英语团队任务清单：将整体团队目标明确列出，确保每个成员都清楚团队的远景和短期目标。列出团队项目的时间表，包括开始和结束日期、里程碑事件等。这有助于时间管理和进度追踪。列出每个团队成员的具体职责和任务。确保每个成员都清楚自己的工作范围。对大项目进行任务分解，将大任务分解为小任务，更易管理。每个小任务都可以列为任务清单的一部分。列出每个任务的详细工作计划，包括具体的步骤、所需资源、工作负责人等信息。给任务设定优先级，确保团队成员知道哪些任务是最紧急和最重要的。明确每个任务完成的验收标准，以确保任务质量符合团队的期望。列出团队所需的资源，包括人力、物力、财力等，确保每个任务都有足够的支持。识别可能影响任务完成的风险，并制定相应的风险应对计划。团队任务清单需要定期更新，以适应项目的变化和新的需求。定期的任务清单更新有助于确保团队保持在正确的轨道上。制定团队成员之间的沟通计划，包括例会安排、进度报告频率等。制定任务完成后的追踪和评估计划，以总结经验教训，为未来的项目提供借鉴。通过制定清晰的任务清单，团队成员可以更好地理解自己的任务和职责，确保整个团队朝着共同的目标有序推进。

（三）强化团队专业支持

强化高校英语团队的专业支持是确保团队工作顺利进行的关键因素。提供团队成员持续的专业培训机会，以确保他们了解最新的教学方法、技术和研究成果。创建一个共享的专业资源库，包括教学资料、研究文献、案例分析等，以便团队成员随时获取必要的专业支持。建立专业导师制度，让有经验的教师成为新成员的导师，进行一对一的专业指导和交流。定期组织团队内部的研讨会，让成员分享最新的研究成果、教学心得和专业经验。邀请外部专家或学者进行定期的专业支持，例如讲座、工作坊等，为团队提供新的思路和视角。建立与其他高校、研究机构或教育机构的合作网络，促进专业资源的共享与交流。定期进行团队的专业评估，包括教学质量评估、研究成果评估等，提供专业反馈以促进团队不断改进。支持团队成员参与科研项目，提供必要的经费和资源支持，鼓励团队成员进行创新性的研究。制定个性化的专业发展计划，帮助团队成员规划自己的专业发展路径，并提供相应的支持和资源。组织团队成员进行教学观摩和互访，促进经验交流和教学互助。通过以上方式，高校英语团队可以建立一个有力的专业支持体系，为团队成员提供必要的知识、技能和资源，推动团队在教学和研究方面不断取得进步。

第四节　英语课程资源建设

一、课程资源的概念

课程资源在教育中扮演着重要的角色，它不仅涉及到教学内容本身，还包括了支持和促进教学活动的各种因素。在英语课程中，这些资源涵盖了广泛的范围，从教材到多媒体软件、实物、网络资源等。教材是英语课程资源的核心，它是学生学习的主要指导工具。在新课程改革中，教材的选择和设计变得尤为关键，要符合课程标准的要求，促进学生的全面语言运用能力的发展。多媒体资源，包括音像资料、多媒体软件等，为英语教学提供了更加生动、直观的展示方式。这些资源能够激发学生的兴趣，增强他们的学习体验。

实物和直观教具也是丰富课程的重要资源。通过展示实物，学生能够更好地理解抽象的概念，培养实际运用英语的能力。网络资源在当今数字化时代尤为重要。互联网为学生提供了丰富的英语学习资源，包括在线课程、语言学习应用、英语学习社区等。这些资源能够让学生随时随地获取信息，拓展他们的语言视野。报纸杂志和图书馆是传统但依然宝贵的资源。阅读真实的英语文章能够提高学生的语感和阅读理解能力，而图书馆则提供了更为深入的学术资源。人力资源，包括学生、教师和家长，也是不可或缺的一部分。学生的生活经历和情感体验，教师的专业知识和教学经验，以及家长的支持与参与，都能够为英语教学提供独特的贡献。

在构建英语课程资源时，理解和充分利用这些多样化的资源将有助于提高教学质量，培养学生的全面语言能力，促进他们在全球化背景下更好地应对各种语言环境。

二、基础教育阶段英语课程资源建设现状

纵观我国基础教育阶段英语课程资源建设情况，以下几种现象较为普遍。

（一）两多，两少

“两多，两少”确实反映了当前课程资源的一些状况。教材资源和网络资源相对较多，而学校资源和学生资源相对较少。教材资源作为英语课程的主要指导工具，确实是不可或缺的。然而，如果过分依赖教材，可能会限制学生的学习体验和创造力。因此，在构建课程资源时，应该注重教材的多样性和灵活性，使其更好地适应学生的个性化需求。网络资源的发展为英语学习提供了巨大的便利。然而，在使用网络资源时，需要注意资源的质量和有效性。过度依赖网络资源可能导致信息过载，而且学生可能难以区分信息的可信度。学校资源包括教学设施、实验室、图书馆等，它们对于提供更全面的学习环境和机会至关重要。然而，由于资源分配的不均衡，一些学校可能面临资源匮乏的问题，这会对教学质量产生影响。学生资源是课程中极为重要的一部分。学生的个体差异需要被充分重视，因此，建设课程资源时应考虑到学生的不同学习风格和需求。激发学生的学习兴趣和动力也是资源建设的目标之一。解决“两多，两少”的问题需要在资源建设中实现平衡。更注重学生的主体作用，鼓励教师和学生参与资源的创造和分享，推动资源的自下而上的建设。此外，也需要关注资源的均衡分配，确保不同地区、不同学校能够享有更公平的资源。

（二）重教，轻学

“重教，轻学”确实是一个存在的问题，体现在教育资源的开发和使用上。一方面，教材依赖过重。过度依赖教材可能导致教学僵化，缺乏创新性。教师可能更注重传递教材内容，而忽略了挖掘和整合教材的潜力，以满足学生个性化和自主学习的需求。课程资源的设计应该更注重引导学生主动参与学习，培养他们的独立思考和解决问题的能力。另一方面，缺乏学习策略和自主学习资源。课程资源的开发应该不仅关注基本知识和技能的传授，还要考虑培养学生的学习策略和自主学习能力。这包括提供引导学生学习的工具、方法和实践机会。学生需要学会如何学习，而不仅仅是接受知识的灌输。因此，课程资源的设计应该更全面，以满足学生在知识和技能层面以及学习策略和自主学习方面的需求。解决“重教，轻学”的问题，需要重新审视课程资源的设计理念，更加注重学生的主体地位，引导学生参与到课程学习的过程中，培养他们的学习主动性和创造性。此外，也需要加强对教师的培训，提升其在资源开发和使用方面的能力，鼓励他们更灵活地运用不同类型的资源来满足学生的多样化需求。

（三）重前期建设，轻后期完善

这源于对于教学资源建设的迫切需求，导致在短时间内急于获取大量资源，但缺

乏对资源后期的评估和维护。这种单向的建设方式可能导致资源的质量无法得到有效提升，使用者无法得到及时的反馈，也影响了资源的可持续发展。建设者需要认识到资源的建设是一个动态的过程，需要不断地评估、更新和完善。

（四）课程资源建设发展不平衡

这是一个普遍存在的问题，城市和农村、发达地区和欠发达地区之间存在差异。这不仅表现在资源数量上，还包括资源的质量和使用水平。为了解决这个问题，可以采取一些针对性的措施，比如加强农村地区教师的培训，提高其使用资源的能力；推动跨区域资源共享，通过互联网等手段让资源更均衡地分布。

（五）缺乏系统的理论和实践研究

缺乏系统的理论和实践研究确实是制约课程资源建设和英语教学发展的一个重要问题。理论研究和实证研究的匮乏可能导致教学资源建设缺乏科学性和系统性，难以更好地满足学生的需求和教学的目标。

三、对未来英语课程资源建设的思考

笔者认为，基础教育阶段的英语课程资源建设要尽可能体现以下特点：

（一）资源的主题性与思辨性特点

以主题为核心，使教学资源更有针对性和连贯性，帮助学生更好地理解语言知识。强调资源中融入思辨性的元素，引导学生主动思考，培养批判性思维和问题解决能力。不仅注重语言技能的培养，还关注全人的成长，通过语言课程引导学生更深入地思考人生、社会、文化等方面的问题。主题要与时代紧密相连，关注当下社会、文化、科技等方面的问题，使学生的语言学习更具实际应用性。

（二）资源的模块性或专题性特点

考虑到语言能力的各个方面，资源可以分为不同模块，包括听说读写等，以全面促进学生语言技能的提升。针对学生的强项和弱项提供有针对性的训练资源，实现个性化教学。早期英语教学的儿童特点，可以通过模块化资源更好地满足他们的学习需求。

（三）资源的时代性与引领性特点

紧密追踪时代发展，确保教材内容与时俱进，关注当下社会、科技、文化等方面的变化，使学生学到的知识更贴近实际生活。不仅适应时代，更要引领未来。教材设计应有前瞻性，关注未来社会对人才的需求，培养学生具备未来核心素养的能力。引导学生关注品格培养，使其具备良好的道德素养和社会责任感。注重培养学生的思辨能力、创新能力，使其具备更强的问题解决和创造性思维能力。

（四）资源的技术性特点

人为中心，便捷的学习资源应随时随地可用，符合泛在学习的理念。利用移动终端进行学习，适应学生多样化的学习需求和学习方式。利用网络交流平台促进学生跨地区、跨国度的协作学习和交流，增强学生的学习体验。强调资源的共创性，鼓励学生和教师一同参与资源的创造。提倡资源的共享，形成资源共享社群，为使用者提供反哺课程资源的机会。

（五）资源的引导性与自主性特点

引导学生进行精读，注重文字和语言的研究，培养他们提问题、分析逻辑、思辨能力的同时，也能够激发学生对学科知识的深层次理解和独立思考的能力。这样的学习方式更注重学生的主动参与和自主学习，有助于培养他们的学习兴趣和学科素养。在资源建设中，可以开发相应的精读资源，提供丰富的文本材料，引导学生深入挖掘和思考。这种资源不仅可以满足学科知识的学习，更能够培养学生的阅读能力、批判性思维和创造性表达。通过引导性的资源设计，激发学生的主动性和创造性，促进他们在学习中更好地发挥个体差异，实现自主学习的目标。

（六）资源的区域性特点

高校英语资源的区域性特点在于各地的文化、教育水平、学科特色等因素的差异，这影响着英语资源的开发和利用。不同地区的高校英语资源建设需要结合当地的实际情况和需求，有针对性地进行规划和设计。不同地区的文化背景、语境、习惯等都存在差异，这影响着英语资源的内容和形式。资源的文化适应性是关键，需要考虑如何使资源更符合当地学生的文化认知和学习需求。各地区的高校英语教育水平存在差异，一些地区可能相对发达，资源建设相对容易，而一些地区可能面临教育资源相对匮乏的情况，需要更有创新性和针对性地进行资源开发。不同高校有不同的学科设置和特色，这也会影响到英语资源的设计。例如，某地区的高校可能在特定学科领域有较强的优势，英语资源可以与这些学科相结合，形成跨学科的资源。不同地区的社会需求也会影响高校英语资源的开发方向。一些地区可能更注重培养特定领域的英语人才，资源的设置需要更贴近社会需求。在高校英语资源的建设中，需要根据具体地区的特点，制定相应的发展策略和规划，充分考虑到当地文化、教育水平、学科特色等因素，以确保资源的有效利用和满足学生的实际需求。

（七）资源的可续性特点

高校英语资源的可续性特点强调资源的持续发展和利用，使其能够适应不断变化的教育环境和学科发展。这需要在资源的设计、管理和更新方面考虑到长期的可持续性。高校英语资源需要不断更新和升级，以适应新的教学理念、教学方法和学科发展。这包括教材、课程设计、多媒体教具等各方面的资源，确保其与时俱进。教师和学生需要不断接受相关培训，了解如何更好地利用英语资源。提供相应的培训和支持机制，帮助他们更好地运用资源，发挥其最大潜力。高校英语资源的可续性也涉及到技术和平台的可持续发展。采用先进的技术手段，建立稳定、可靠的在线平台，确保资源能够长期稳定地提供给教师和学生使用。建立有效的反馈机制，从教师和学生的使用反馈中获取信息，及时调整和改进资源。这种循环的反馈与改进过程是保证资源可续性的重要环节。高校可以通过资源整合和共享，形成合作网络，充分利用各方的优势，实现资源的互补与共赢。这有助于提高资源的可续性，避免资源的孤立与冗余。考虑到可持续性的角度，高校英语资源的开发和使用应当注重环境友好性。采用节能、环保的技术手段，减少对自然资源的消耗，有利于资源的可持续利用。综合考虑这些可续性特点，高校英语资源的设计和管理需要注重长远规划和战略，确保资源能够长期有效地支持英语教育的发展。

（八）资源的系统性特点

高校英语资源的系统性特点强调资源的整体性和相互关联性，使其构成一个有机的教学体系。这需要资源在设计和应用过程中考虑到系统性的要素，以实现更全面、协调和高效的英语教育。确保高校英语资源与课程内容的整合，使其与教学目标、教学计划相一致。资源应涵盖英语课程的各个层次和领域，形成一个系统完备的课程体系。利用多媒体技术将文字、图像、音频、视频等多种形式的资源有机融合，提供更丰富、生动的学习体验。确保不同媒体资源之间的协调和统一，形成一个多维度的系统。建立完善的评估体系，对英语资源的设计、使用效果进行系统评估。这包括对学生学习成果的评估、对教师教学效果的评估，以及对资源本身的评估。通过评估结果，及时调整和优化系统的各个组成部分。将英语资源构建在科学合理的知识体系之上，确保资源中的知识点、技能点能够有机连接，形成一个有层次、有逻辑关系的知识结构。这有助于学生更好地理解和应用所学知识。构建完善的在线学习环境，包括学习平台、社交学习工具、在线交流与协作系统等。这使得学生能够在一个系统化的在线环境中进行学习，促使资源的协同使用。引入教学管理系统，用于资源的管理、监控和反馈。通过系统化的管理，确保资源能够有序地被教师和学生使用，方便进行效果评估和改进。确保高校英语资源与实际应用场景的结合。资源的设计要贴近实际语言运用情境，使学生能够更好地将所学知识应用到实际交际中。通过系统性的构建和整合，高校英语资源能够更好地满足学生的多层次、多样化的学习需求，实现教育目标的全面发展。

（九）要注重人的资源建设

高校英语资源的建设不仅仅是技术和教材的问题，更需要注重人的资源建设，包括教师队伍和学生群体。为英语教师提供系统的专业发展机会，包括定期的培训、研讨会和学术交流。支持教师参与国内外学术活动，提升其学科素养和教学水平。鼓励引入外部专业人才，例如语言学家、教育技术专家等，为学校提供新的教学理念和方法，促进教育创新。鼓励形成学科团队，让教师之间形成合作与共享的文化。通过团队协作，能够更好地制定和实施教学计划，共同研究和解决教学中的问题。建立学生参与管理的机制，让学生参与资源建设的决策过程。这样能够更好地满足学生的实际需求，提高资源使用的效果。建立学生之间的互助机制，通过学长学姐的引导和帮助，使得学生更好地利用英语资源，形成学生间的良好学习氛围。在校内创设学习社区，提供学术交流和合作的平台。学生和教师可以在这个社区中分享资源、交流心得，促进彼此的学习与进步。强调教师与学生的互动，建立开放的沟通机制。教师应当耐心倾听学生的需求和反馈，根据实际情况调整和改进资源的使用方式。通过注重人的资源建设，能够更好地激发教育主体的活力，形成共建共享的教育环境。这样的做法有助于提高英语教育的质量，培养更具国际竞争力的英语人才。

第七章 大学英语教学中跨文化交际能力的培养

第一节 跨文化交际能力培养的认知体系

在跨文化交际能力的认知层面，理解目的文化知识是至关重要的。这包括语言的使用规范、文化习惯、社会礼仪等方面的知识。教师和学者需要了解学生在目的文化中所面临的语言和文化环境，以更好地引导学生发展跨文化交际能力。另一方面，对自身价值观念的意识也是非常关键的。个体的价值观念会在跨文化交际中产生影响，了解并反思自己的文化视角，以及在与其他文化互动中可能产生的误解或冲突，是培养跨文化交际能力的重要一环。在教学中，强调学生对不同文化背景的理解，鼓励他们开放心态、尊重多样性，是培养跨文化交际能力的有效途径。教育者的教学理念和教学方法也需要更加注重跨文化元素的融入，以更好地服务于学生的全面发展。

一、树立正确的教学理念

跨文化教育在外语教学中的开展确实需要从多个层面入手。观念更新和认识提升是关键，特别是在教育行政部门，他们的理解和支持对整个教育体系的跨文化教育产生深远的影响。借鉴国际先进的经验，明确国情下的目标和原则，确实是制定可行的跨文化教育计划的基础。

教师作为跨文化教育的实施者，确实需要更新自身的教育理念。不仅仅要传授语言知识，还需要关注学生的文化意识和文化经历。成为“会通中西”的学者型教师，既强调语言学习，也注重文化学习，这样的教师更能够带领学生真正理解和体验目标文化。

在理论框架方面，深入研究和探讨文化教学的理论基础，为实践提供更加科学的指导，是推动跨文化教育不断发展的重要步骤。这样的研究努力将有助于形成更加系统、可操作的跨文化教育体系。

体验式英语教学的兴起确实为教育领域注入了新的理念和方法。David Kolb 的体验学习理论为我们理解学习过程提供了一个全新的角度，认识到学习是一个不断经历具体经验、反思、抽象概念化和主动实践的循环过程。这种循环使学习者能够更全面地理解和应用所学知识。教学模式的转变从知识“传授式”到“体验式”是一种积极的变革。传统的教学方式可能过于注重信息的灌输，而体验式教学更强调学生的参与和亲身经历。学生通过亲身体验，从实际生活中获得知识，并将其应用于实际情境中。这种教学方式有助于激发学生的兴趣，培养他们的创造力和解决问题的能力。体验式英语教学也符合现代教育理念中对学生主体性、互动性和实践性的要求。通过创造性的体验，学生更容易理解抽象的概念，同时也更有动力去探索、发现和学习。这一理念的引入对于英语教学的改革是有益的，但同时也需要合理平衡各种教学方法，确保学生在实践中不仅能获得愉悦的体验，还能够获得系统和全面的知识。

体验式学习理论的核心概念是通过亲身经历和实践来构建知识，而体验式教学模式正是基于这一理论而设计的。在这个模式下，教师的角色更像是引导者和协助者，而学生则成为学习的主体，通过实践和体验来主动地构建知识。建构主义理论为体验式教学提供了理论基础，突出了学习者的主动性和建构性。在这种教学理念下，学生不再是接收信息，而是通过参与真实的学习情境，积极地建构自己的意义和理解。这种学习方式更符合学生的认知发展和学科知识的建构过程。体验式教学的核心是提供生动逼真的教学情境，使学生能够在这些情境中积极参与，获取知识和技能。这种教学模式强调实践创新的能力培养，使学生在真实的环境中能够运用所学的知识，培养解决问题的能力。利用多媒体和网络资源，体验式教学得以更好地拓展学习的时空范围。多媒体和网络不仅能够提供更丰富的学习材料，还能够创造虚拟的学习情境，使学生能够通过模拟体验来学习。这为学生提供了更灵活、趣味性的学习方式，促使他们更积极地参与学习过程。总体而言，体验式教学模式的设计和实施需要教师有意识地引导学生参与、实践和思考，创造具有挑战性和启发性的学习情境，以促进学生的全面发展。

文化不仅仅是一种传承下来的固定模式，它是与社会变迁和个体经历相互影响、相互塑造的。在外语教学中，强调学生为主体，培养文化学习体验和文化敏感性，正是因为这种动态性。跨文化教学确实需要建立起全新的理念和思路。这包括教师在设计课程时要更多地考虑学生的文化体验，让学生在学习语言的同时能够深入了解相关的文化。培养学生的文化敏感性和跨文化能力，使他们能够更好地适应多元文化的社会。在教学实践中，采取一些切实可行的措施也是非常重要的。这可能包括引入更多真实的文化素材，组织学生参与跨文化交流的活动，以及鼓励学生主动去了解和思考文化差异。同时，也需要教师本身有着深入的跨文化教学认知，这可以通过专业培训、参与国际交流等方式来实现。总体而言，跨文化教学是一个复杂而又富有挑战性的任务，但也是非常有益的，因为它不仅有助于语言学习，还培养了学生更全面的国际视野和跨文化沟通的能力。

二、明确合理的教学目标

《大学英语课程教学要求》的更新确实是一个积极的变化，将英语教学的目标从纯粹的知识传授转向了更加强调实际应用和综合能力的培养。这种转变有助于培养学生更全面的语言能力，使他们能够更好地应对实际语境中的交际需求。特别是，强调跨文化教学，使学生能够在语言学习的同时更深入地了解目标语言所属文化。这不仅包括语言的表层规则，更涉及到语言背后的文化内涵、社会习惯、价值观等方面。通过这样的教学，学生能够更好地理解和运用语言，不仅在语法、发音等层面得到锻炼，还能够更自如地融入目标语文化的语境中。这种注重跨文化教学的理念也符合当今社会的趋势，因为我们生活在一个多元文化的环境中，具备跨文化交际能力变得越来越重要。学生在学习英语的同时，能够培养对不同文化的理解和尊重，有助于他们更好地参与国际交流和合作。这也提醒了教育者需要更深入地思考如何设计和实施跨文化教学，以达到更好的教学效果。

除了语言能力，跨文化交际能力在今天的全球化时代变得愈发重要。文化的敏感性和容忍度对于建立积极的跨文化关系至关重要。学习者在培养跨文化交际能力时，需要超越自身文化的限制，真正理解和尊重他人的文化。这就需要他们具备一定的文化透视力，能够站在对方的角度来看待事物，理解异域文化的思维方式、价值观念、社会规范等。通过直接的学习和实践，参与培训项目，学习者能够更深入地体验和理解不同文化背后的深层意义。在这个过程中，学习者需要培养批判吸收外来优秀文化的能力，同时也要保持对自身文化的认同。这种融会贯通中外文化的能力，正是培养跨文化交际能力的关键。这不仅有助于他们更好地适应跨文化环境，还有助于促进文化的交流与融合。更新外语教学观念和改革外语教学体系也是至关重要的一环。教育者需要关注培养学生的跨文化交际能力，并将这一目标纳入到教学的方方面面。这包括教学内容的设计、教学方法的选择，以及评价体系的建立等方面。

总的来说，跨文化交际能力的培养是一个全方位、系统性的过程，需要教育者和学习者共同努力，不断拓展视野，提高文化敏感性和适应性，以更好地适应多元化的社会环境。

三、正确处理大学英语跨文化教学应面对的三种关系

（一）本土文化与英语文化的关系

中国作为英语学习大国，对英语的需求不仅仅是为了与世界沟通，更是为了参与到全球文化的互动中。这使得英语学习在中国成为一种跨文化交流的桥梁。在这个过程中，确实双向的文化影响。从一方面，英语学习者通过学习英语，也在某种程度上接触和了解英美文化。麦当劳、肯德基等西方快餐品牌在中国的普及，美国的流行音乐和好莱坞影片的受欢迎，都是英语文化在中国的体现。甚至一些西方传统的节日，如圣诞节，也在中国逐渐成为重要的文化节点。另一方面，中国的社会文化也对英语产生了影响。例如，一些汉字或中国传统文化元素会被引入英语表达中，创造出新的词汇或短语，形成一种本土化的英语表达形式。这种现象反映了文化的相互渗透和融

合。这种双向的文化交流也体现了语言的动态性和文化的多样性。通过学习英语，人们不仅仅是在获取语言技能，更是在拓展视野，理解不同文化的独特之处。这种跨文化交流有助于促进不同文化之间的理解与尊重。

在强调英语文化和价值观的同时，中国传统文化的学习逐渐地淡化。由于中国本土文化的欠缺，使得中国英语学习者在表达中国特有的文化思想上存在困难。因此，如何处理好英语教学中传统文化与英语文化的关系是值得我们思考的问题。

（1）重视母语和母语文化的学习：母语是我们思考和理解世界的基础。通过加强对汉语的学习，培养学生对中国传统文化的理解。这可以通过母语教育、文学作品、历史教育等多种途径来实现。

（2）承认“中国英语”的客观性：中国英语作为一种英语变体，确实存在。在使用时，要注意保持其可接受性，既符合英语语言的基本规范，又能表达中国文化的独特之处。学生应该被教导在国际交流中运用得体的语言。

（3）在教材中引入中国文化素材：在英语教材中，适度加入中国文化的素材，而不是完全采用西方价值观的素材。这有助于学生更好地理解中国传统文化，并在语言学习中培养对本土文化的认同感。

（4）利用母语进行对比分析：在课堂教学中，教师可以有意识地对比分析母语和英语之间的语言形式和文化背景，帮助学生深入理解两种语言文化的异同。这可以通过语言对比、文化解读等方式实现。

（5）积极利用英语培养跨文化交际能力：强调英语学习者通过英语学习培养跨文化交际和国际理解能力。英语作为一种全球性语言，可以成为促进跨文化交流的桥梁，同时保护和传播中国文化。

综合来看，平衡英语文化与中国传统文化的关系需要在教育体系、教材编写、教学方法等多个层面进行努力，以确保学生在英语学习中既能够适应国际化的语境，又能够保持对本土文化的认同。

（二）英语功用性与人文性的关系

英语在中国社会的流行与其实用性密切相关，尤其在当前追求经济发展和国际交往的时代背景下，人们对英语的重视主要集中在其功用性上，包括对升学、留学、就业等方面的实用需求。然而，在这种实用性的追求中，人文价值可能被忽视。英语不仅仅是一种交际工具，更是传递文化、思想和价值观的媒介。在学习英语的过程中，通过人文知识的学习，学生可以更深入地理解英语国家的文化、历史和社会制度，进而形成更加全面的人文素养。这种人文素养对于培养学生的人格塑造、道德观念、思辨能力等方面都有着积极的作用。在大学英语教育中，确实需要平衡实用性与人文性，避免只注重英语的功用性，而忽略了其更深层次的人文价值。强调英语教学的人文性，有助于培养学生更全面的素养，使其在使用英语的同时也能更好地理解和尊重不同文化、不同价值观的存在。对于大学的意义，陈平原教授的观点也很有启发。大学不仅是传授知识的场所，更是塑造个体精神、培养人文素养的地方。在英语教育中，要注重培养学生的综合素养，使其在语言运用的同时也具备更为广泛的人文视野。

考试和量化确实更容易衡量外语的知识和技能，而对学生的人文素养进行全面、客观的评估则更为复杂。英语的功用性与人文性之间确实存在紧密的关系，而且在当今社会的多元化和全球化的环境下，文化的交流和融合变得尤为重要。英语不仅仅是一门语言，更是一种文化的表达方式。在全球范围内，各种文化相互影响、交流，而英语作为全球通用的语言，其文化传播也变得愈发显著。学习英语的过程中，学生除了掌握语言的表达能力外，还应该通过学习相关文学、历史、社会知识，理解英语国家的文化传统和现实场景。正如 Kachru 所强调的，语言、文化和教育是相互联系的，忽视文化背景和国情会使语言失去整体性。在评价学生的人文素养时，可以考虑引入更为综合的评估手段，如开展项目式学习、文化体验活动、小组讨论等，以更全面地了解学生在跨文化交际和理解上的能力。同时，教育者也应该注重引导学生去深入了解英语国家的文化，培养他们的文化敏感性和批判性思维。总体而言，考虑到英语的文化属性，评估学生的人文素养需要更多元、更富有创意的方法，以更好地反映学生在语言学习过程中的全面发展。

艾略特说得真有道理，教育的需求常常与背后的动机有关。英语教学确实不能仅仅停留在语言技能的层面，更要关注文化内涵，培养学生的跨文化意识和国际理解能力。毕竟，我们生活在一个全球化且多元文化共存的时代，而英语作为全球通用语言，学好它不仅是为了沟通，更是为了深入了解不同文化、拓宽自己的视野。在跨文化教学中，拓展英语文学和文化课程是至关重要的一环。通过引入人文意识引导法和人文品格分析法等方法，我们可以让学生更深入地理解文学作品和文化现象，从而提升他们的人文素养。这样一来，英语教学就能够在实用性和人文性之间找到平衡点，让学习者更好地适应多元文化社会的需求。在这个过程中，我们也要注重培养学生的文化敏感性和价值观，使他们具备更好的跨文化交往能力。通过这样的英语教育，学生将不仅仅是语言的使用者，更是能够理解、尊重并与来自不同文化背景的人和谐相处的全球公民。

（三）语言教学与文化教学的关系

早在 20 世纪 70 年代，Kenneth Chastain 就指出，外语教学中要考虑文化教学，原因有二：第一，和另一种语言的人进行交往的能力，不但依赖于语言技能，而且依赖于对文化的习惯和期望值的理解。第二，跨文化理解本身也是现代教育的一个基本目标。如果学习一门外语没有领悟其深厚的文化，同样，所有的努力也是徒劳的。不管是哪一个民族的传统文化与生活方式，民族心理和宗教信仰，乃至各种特定的思维模式，均依赖于语言得以成形、积累、发展和传承。

语言与文化息息相关。语言学习的过程也是文化学习的过程。一个民族的语言总是反映和表达这个民族的文化，不学习文化，也就很难学通语言。从语言和文化的关系来看，语言承载着文化，同时又是文化的重要组成部分。民族语言与民族文化一一相对应。语言与文化血肉相连，互相影响、互相作用，难解难分。

不了解文化就难以理解语言，要理解文化又必须要有良好的语言做基础。只有扎实的语言基础，才能理解和体验语言中所蕴藏的深刻文化内涵。对于语言是文化不可分割的一部分，学生的理解也比较一致。

从目前大学英语整体的教学情况来看，语言与文化这种相辅相成的关系还是有失平衡的。教师对语言的“工具性”强调得过多，在实际的教学计划、教学设计和教学要求中，忽略了语言不可能孤立存在的这一事实，人为地削弱了文化教学，将语言与文化或文学加以隔离。长期以来，此种教学模式导致学生将学习重点放在语法、词汇和做相关的考试型的练习上，而对语境下的篇章理解和听说交际能力普遍表现薄弱，因此，正确认识和处理语言教学与文化教学的关系尤为重要。

第一，盛炎的观点确实深刻，他指出语言教学和文化教学是共进的过程，不可分割。语言学得和文化学得的机制应该协调一致、同步进行，这就需要在语言教学中融入相应的文化元素。学习第二语言时，学习者可能形成一种“自我疆界”，而第二文化学习的目的就在于超越这种界限，拓展学习者的文化视野，达到真正的移情，使其能够站在目的语为母语者的角度去思考和处理问题，获得全新的“自我认同”。

第二，语言教学与文化教学之间存在相互依存性，互为条件、互为补充，这是非常重要的。要了解一种文化，首先要了解其语言；反之，了解一种语言也必须了解它所依赖的文化。离开文化教学的语言教学可能变得缺乏深度和趣味，而脱离语言教学的文化教学则可能失去实际应用的基础。文化教学不仅为语言提供了丰富的语境，还能够激发学生的学习兴趣，提高他们的跨文化交际能力。

从能力培养和培养机制的角度看，文化教学不仅为学生提供了更广泛的语言能力，还有助于培养跨文化交际能力。文化教学对语言教学起到反哺与检验的作用，能够夯实语言基础，提高交际能力。通过拓展语言教学的深度和广度，文化教学有效地提高了整体语言教学的质量。

第三，语言教学和文化教学相互兼容，不可分离。语言是文化的一部分，而文化又深刻地影响着语言的表达和理解。在学习一门外语的过程中，仅仅掌握语法和词汇是远远不够的，还需要了解这门语言所处的文化背景，理解其中的文化内涵、社会规范、习惯等。通过将语言教学与文化教学相结合，学生不仅能够更好地掌握语言的表达方式，还能更深入地理解和体验语言背后的文化。这有助于培养学生的跨文化交际能力，使他们在实际使用语言时更加得心应手、得体入微。

第二节　跨文化交际能力培养的情感体系

跨文化交际的情感层面确实是非常关键的，因为它涉及到对不同文化的接受和理解。对不确定性的容忍度、灵活性、共情能力以及悬置判断的能力，都是构建良好跨文化交际的基石。培养学生对异国文化的兴趣是至关重要的，这需要教学注重激发学生对外国文化的好奇心和开放态度。跨文化外语教学不能再仅仅是将目的语文化引入教学，而应该实施双语文化的交叉交际教学。这种方法不仅要求学生了解目的语文化和母语文化的知识，更重要的是要学会如何用英语来表达这些文化。这样一来，学生可以将已掌握的文化知识内化，发展成为独特而个性化的精神财富。在这个过程中，中外文化的兼容并蓄是非常重要的。学生通过学习不同文化，文化理解能力会得到提高，评价能力和整合能力也会逐步完善。他们将能够以敏锐的洞察力和适当的移情能力理性、批判性地接收各种文化信息。这样，学生就能够在具备博大胸怀和高度智慧的基础上，妥善处理不可避免的中外文化冲突，实现更加有效的跨文化交际。

一、英汉文化并重，消除“中国文化失语症”的影响

在全球化的今天，文化交流变得愈发重要，而理解和表达本土文化在国际舞台上显得尤为关键。Kramsch 的观点也很有启发性，强调了在外语教学中文化教学的重要性，并倡导通过“跨文化对话”来提高跨文化交流意识和跨文化交际能力。她反对了“同化”原则，主张“增强意识”为主。这意味着文化教学不应该简单地使学习者归化于目的语文化，而是要在学习者习得外语知识和文化的过程中，通过与母语文化的互动，实现文化的创造性交流。这样的方法能够让学习者更深入地理解和体验目的语文化，同时也丰富了他们对母语文化的认识。

在这个背景下，将西方文化教学有机地融入英语语言教学中，实现“双向文化知识”的导入，是非常有效的。这种教学环境可以让学习者在汉语文化和英语民族文化之间形成互动，培养他们的文化创造力，从而更好地理解和交流跨文化情境。

对于教育主管部门和教师，引导学生正视中国文化的主体性和保持文化道德底线是非常重要的。在全球化的潮流中，保持文化的独特性和价值观是至关重要的，而不是盲目地迎合西方文化。通过注重文化教育，我们可以更好地实现“跨文化对话”，减缓“中国文化失语症”的影响，使中国文化在国际舞台上更为自信地展现。

（一）发挥教育主管部门的监督引导作用

教育主管部门的作用至关重要。他们应该密切关注全球发展的动态，收集跨文化交际活动的详细信息，并采取措施促使各个领域、学校和专家对跨文化交际的重要性进行合作和重视。在相关文件和大纲中明确用英语表达中国文化的重要性，将这一理念融入英语教学的各个层面，包括测试。同时，要求各个相关部门、专家学者和教学单位共同协作，确保所制定的政策得以切实实施。

（二）提高教师自身的文化素养和教学水平

提高教师自身的文化素养和教学水平也是至关重要的。调查表明，许多英语教师在中国文化修养和英语表达方面存在知识缺陷，这直接影响了他们的教学效果。为了弥补这一亏空，教师需要具备强大的中西文化背景知识，能够有意识地帮助学生培养平等的文化观。他们不仅应该具备宏观的文化素养，还应该注重微观层面的具体教学操作。通过比较两种文化，向学生介绍一些中国文化的英语表达方式，平衡外来文化与本族文化的讲授比例，同时通过小组合作学习的方式分配文化对比作业任务，使学生意识到自己的“文化缺陷”，并有意识地弥补和改善。这样的操作将进一步强化学生对两种文化的理解，使他们更自如地运用外语表达本族文化。

（三）提高学生参与跨文化交际活动的主动性

提高学生参与跨文化交际活动的主动性是培养他们跨文化交际能力的关键一环。引入外教课和模拟真实生活情境的教学活动，能够激发学生的兴趣，让他们更深刻地感受到跨文化交际活动的重要性。通过这些活动，学生可以在实践中应用所学的语言和文化知识，提高他们的实际交际能力。同时，学校和教师应该鼓励学生积极参与各种国际性的跨文化交流活动。国际合作机会的增加为学生提供了真实参与跨文化交流的机会，例如参与国际性赛事、会议和其他大型活动。这些经历将使学生更加深入地理解和体验不同文化之间的差异，提高他们的跨文化交际能力。

关注学生的语言和文化基础知识和技能，以及对跨文化交际活动的主动参与，能够使学生更加意识到中国文化在全球范围内的影响力。通过积极参与跨文化交际活动，学生将不仅能够增强用英语表达母语文化的能力，还能够建立对本族文化的自信心和高度认同。这将有助于他们更有效地传播和展示中国文化，为中国在国际舞台上树立更为积极的形象作出贡献。

二、消除母语的负迁移，发挥母语正迁移作用

学习一门语言就是在学习相关的文化。文化迁移在跨文化交际和外语学习中是一个重要的问题。在大学英语教学中，创造一种“文化语言氛围”是至关重要的，因为这有助于学生更好地理解和运用英语语言文化。文化迁移主要表现为语言使用上的不得体，这可能导致交流不畅、误解，甚至引发冲突。为了解决这个问题，大学英语跨文化教学需要重视学生的文化素养，培养他们的文化敏感性，让他们能够在实际的语言交际中避免文化迁移带来的不适当言行。此外，预测学习过程中可能出现的文化迁移是关键。通过对英汉两种语言进行深入的分析比较，可以减少汉语文化的负迁移，同时正确利用母语的正迁移作用，促进汉语文化的正迁移。这种方法有助于提高学生的英语语言交际能力，使他们更加流利地运用英语表达自己的思想，并在跨文化交际

中更加得体。

（一）重视英汉语言文化与大学英语教学的关系

在大学英语教学中，理解英汉语言文化之间的关系至关重要。教师应当认识到所学语言的文化与语言本身密切相关，而熟悉与语言密切相关的文化知识有助于学生更全面地运用这门语言。因此，教学中应高度重视英汉文化因素，培养学生对英汉文化差异的敏感性和适应性。同时，要在传授语言知识的同时同步传授文化知识，确保学生能够在语言使用中更好地理解和运用文化元素。教师需要根据学生的现有水平、接受能力和理解能力，巧妙确定文化学习的内容，避免在文化功能的传授中面面俱到，使学习过于零散。

（二）大学英语教学应与文化教学相结合

大学英语教学必须与文化教学相结合，通过多种方式建构语言的文化功能。语言作为符号系统，不仅仅是音与义的结合，还受到时间、空间和社会需要的影响，因此，应该在语音、词汇、句法和篇章等层面考虑文化的影响。除此之外，学生可以通过实际的语言实践来了解英语国家的文化知识，包括听、说、读、写、观看电影、录像，以及举办外国文化知识专题讲座等。通过这些具体的活动，学生能够更深入地了解英语国家的文化，提高他们的文化敏感性。

（二）大学英语教学要培养学生的文化意识

大学英语教学不仅要传授语言知识，还应该注重培养学生的跨文化交际能力。在这一过程中，学生需要理解并适应不同的文化背景，具备在跨文化环境中进行有效交流的能力。为了实现这一目标，教师可以采取以下措施：通过课堂活动、小组讨论、角色扮演等方式，创造跨文化对话的机会，让学生在实践中感受不同文化之间的交流。通过介绍真实的跨文化交际案例，让学生了解在实际生活中可能遇到的文化差异，培养他们对多元文化的理解和尊重。推荐学生参与国际交流、留学或参与国际合作项目，亲身经历不同文化环境，提高他们的跨文化适应能力。在教学中创设各种跨文化交际场景，让学生在模拟环境中实践语言运用和文化适应，培养实际应对能力。鼓励学生主动进行文化研究，了解目标语言国家的历史、社会制度、价值观等，为他们更好地理解和运用语言提供支持。通过以上措施，可以使学生在大学英语学习中逐步培养出对多元文化的敏感性和理解力，使他们具备更强的跨文化交际能力。

三、树立平等观、加强学生文化移情能力的培养

在跨文化外语教学中，培养学生的文化平等观念和多元文化意识至关重要。这不仅有助于学生更好地理解和尊重不同文化，也能够促进跨文化交流的顺利进行。语言

和文化是紧密相连的，而学习一门外语不仅是学习一种语言，更是深入了解和体验一种文化。教育学生树立文化平等观，让他们明白每个文化都有其价值和独特之处，是培养开放、包容心态的重要一环。多元文化意识使学生能够在不同文化之间建立桥梁，更好地适应全球化的社会环境。同时，文化移情能力的培养也是关键。学生需要学会站在他人的角度去理解和感受不同文化，这种能力不仅能够帮助他们更好地融入跨文化环境，也能够促进跨文化交流的深度和广度。最终，通过培养文化平等观、多元文化意识和文化移情能力，学生将更全面、深刻地理解世界各国文化之间的联系与差异，为他们未来的国际交往和合作打下坚实的基础。

（一）树立平等意识

树立平等观念是跨文化交际的基石。在文化接触中，理解和尊重彼此的差异至关重要，只有这样才能实现真正的交流与理解。跨文化交际是一种相互学习的过程，参与者需充分了解对方文化，相互尊重，促进交流。平等意识在跨文化教学中尤为重要，确保参与者在交流中享有平等地位，避免武断和固执己见。

每种文化都有其独特之处，但也需要在交流中相互融合，形成和谐统一，促进创新和发展。学习外语是为了更好地进行跨文化交际，旨在理解对方文化并传播本族文化特征，而不是放弃本族文化。在全球化时代，各国文化多元化，应该互相取长补短，共同发展。

为适应多元文化时代，我们需要超越母语与目的语文化的限制，容忍和尊重文化差异，积极寻找共性，树立语言文化平等观。在动态的交际中，不断调整文化框架，协商解决问题，建构跨文化交际的过程，实现共同的交际目标。在外语教学中，应该让学生接触多种文化模式，培养适应多元文化交际的意识和能力，达到人文性的外语教学目标。

（二）培养学生的文化移情能力

1. 文化移情

文化移情是一种重要的跨文化交际能力，它指的是在交际过程中，交际者有意识地站在对方的立场上思考问题，超越本民族文化的思维模式，从另一种文化的角度来理解和感受。这能力有助于建立语言、文化和情感之间的联系，促进有效的沟通交流。

Ruben 提到，文化移情包括语言语用移情和社会语用移情。语言语用移情是说话者刻意使用语言表达心态和意图，以确保对方准确理解。而社会语用移情则要求交际者站在对方的立场上，尊重对方的文化习俗，宽容文化差异。一个具有良好文化移情能力的人应该是学习者，并持有开放的文化价值观。

文化移情能力直接影响跨文化交际的顺利进行。由于文化差异，可能会产生文化冲突，而强大的文化移情能力可以帮助交际者超越自身文化的思维模式，避免不必要的文化冲突，确保交际的成功进行。在全球化的背景下，文化移情能力变得愈发重要，它是促进不同文化之间理解与合作的关键。

2. 文化移情的必要性

文化移情的必要性在跨文化交际中显而易见。首先，各民族在长期发展中形成了独特的文化，包括语言、价值观、习俗等方面的特色。在没有文化移情的情况下，交际者可能会按照自身民族的交际模式来对待其他文化的人，导致误解和冲突。例如，上文提到的中国和美国在面对朋友生病的情况下的不同反应，如果没有文化移情，就难以理解对方的行为，可能导致不适和冲突。其次，文化移情能够帮助交际者超越本民族的思维框架，站在对方的立场上思考问题。这种能力使得交际者更能理解对方的文化习惯和价值观，减少因为文化差异而产生的误读。在全球化的今天，人们在工作、学习、生活中常常需要与来自不同文化背景的人打交道，文化移情成为促进跨文化交际的关键。最后，文化移情有助于建立文化之间的互信和尊重。通过站在对方的角度去理解对方的文化，交际者能够表达出对对方文化的尊重，避免对方感到被误解或歧视。这种互相理解和尊重的基础上建立的交流，更容易取得成功。因此，文化移情是在跨文化交际中建立有效沟通和理解的重要工具，有助于缓解文化冲突，促进文化间的良好交流。

3. 文化移情能力的培养

培养交际者对不同文化的敏感性和宽容性，意识到文化差异并愿意尊重和接纳这些差异。这包括对对方文化中的社会规范、价值观、信仰等方面的理解。针对跨文化交际中产生的问题，重点提高感知方式的敏感性。了解对方文化中的信仰、价值观、心态系统、世界观和社会组织等因素，有助于更深入地理解对方。如果可能，交际者最好能够到对方的国家生活一段时间，亲身体验他们的生活方式、语言使用、风俗习惯等。如果无法亲自到对方国家，可以通过多媒体资源如电视、录像、图片和书籍等来增加对对方文化的认识。交际者应意识到每种文化都有其独特之处，避免对其他文化抱有成见和偏见。建立平等的关系，尊重对方文化的同时保持开放的心态。通过认识差异、认识自我、悬置自我、体验对方、准备移情和重建自我等六个步骤，交际者能够更全面地理解和接纳对方文化，实现真正的文化移情。在跨文化交际中，要与时俱进，持有态度开放的文化价值观。不断学习新知识，了解不同文化的发展和变化，以适应多元文化的需求。总体而言，文化移情能力的培养需要交际者保持好奇心、开放心态，并通过实践和学习不断提升对不同文化的理解和接受能力。这样的培养过程是渐进的，需要时间和努力。

文化移情的确是促进跨文化交际的关键，而且确保在这个过程中保持平等性和适度原则是至关重要的。民族尊严的维护也是在文化交流中非常重要的一点。在外语教学中，重视对学习者文化移情能力的培养，尤其是通过实践活动，是非常有建设性的。

通过观看原版影视作品、参与比赛、学唱歌曲等方式，学生能够更深入地理解英语背后的文化，提高运用语言知识的能力。网络的利用也为学生提供了更多与外国友人互动的机会，进一步加强了跨文化交际的能力。总的来说，这些实践活动不仅仅是语言技能的提升，更是对文化移情意识和能力的锻炼，使学生更好地适应全球化时代的多元文化交流需要。

四、建立跨文化交际意识，提高文化认同度

在英语教学中，学生能够生成符合语法或句法规则的句子是一方面，但要让这些句子显得更加“地道”，涉及到文化因素的考虑就变得尤为重要了。文化在语言中扮演着重要的角色，影响着表达方式、习惯用语、社交礼仪等方面。交际的成功不仅仅取决于语法的正确性，还在于是否能够传达出正确的文化信息。如果学生只注重语法规则而忽略了文化因素，就容易导致交际失败。地道的表达通常包含了本土的文化内涵，而这些内涵很难仅仅通过语法规则来学习。为了提高学生的“地道”表达能力，英语教学可以更注重文化教育。这包括学习地道的表达方式、了解各种语境下的文化差异，以及培养学生对于英语国家的社交礼仪和文化风俗的敏感性。通过文化背景的融入，学生能够更好地理解和运用英语，使其表达更加地道、自然。同时，引入真实语境和实际交际情境也是提高学生地道表达的有效手段。这可以通过与英语国家的母语者互动、参与语言交换项目、观看地道的英语影视作品等方式实现。通过这些实践，学生可以更好地感受和理解地道表达的语境和情感色彩。总的来说，培养学生的文化意识和文化适应能力是提高其“地道”英语表达的关键。

文化认同即是个体对自身文化及所属文化群体的认同感，这种情感基础上涌现了对个体文化的理解，并在此基础上进行保留和丰富的心理过程。文化认同广泛包含了对社会价值观、宗教信仰、风俗习惯、语言、艺术等各个方面的认同感。随着国际合作的增多，各国和各民族之间的联系更加紧密。不同民族在强化和创新本身文化的同时，也在与其他文化进行日益密切的交流和互动。在这过程中，人们通过比较本族文化和异族文化的异同，形成对这些文化更深入的认识和了解。各民族之间寻找共同之处，放弃或改变一些原有的看法和行为准则，以求同存异的方式加强文化交流。同时，也需要加强对本民族文化的自觉性，树立跨文化交际意识，提高对本民族文化的认同感，确保本文化的生存和发展权利。

在跨文化交际中，人类需要建立相互的文化认同感，以克服由此产生的障碍。文化认同作为人类在对自然认知的基础上的提升，对人类行为准则和价值取向具有决定性影响，成为人们对文化内涵达成共识和认可的重要因素。因此，文化认同经常被作为语用原则，指导具体的跨文化交际活动。

在外语教学中，马冬虹认为教师有责任自觉地进行中西文化的对比，特别是要突出介绍中国文化，让学生全面了解中国卓越的文化传统。教师应当引导学生产生民族

自豪感，并教导他们如何用英语表达中国文化，以促使中国传统文化在国际上得到更广泛传播。同时，通过英语教学，学生能够更深入地了解世界和中国，具备跨文化知识的学生则有助于向世界展示中国的卓越文化。马冬虹指出，人们对本族文化的接受通常是潜意识的，缺乏有意识的引导和刺激时，人们很少会反思自己所依赖的文化。文化教学的目的在于加强学生对本族文化的理解和掌握，避免学生陷入民族中心主义思想，帮助他们理性地认识自己的价值观和行为习惯，培养开放、灵活的思维方式。费孝通认为，文化自觉是一个复杂的过程，首先要认识自己的文化，然后了解周围的多元文化，最终在多层次文化世界中找到自己的定位，适应多元文化并与各种文化进行交流互补，共同创造一个普遍认可、和谐发展的交际秩序和共处规则。

五、注重英汉语言文化、思维方式的异同分析

经过几个世纪的发展，外语教学逐渐完善，人们认识到了解目标语言的特点是学好外语的基础。最有效的方法之一是与母语进行比较，通过科学分析和发现各自语言的特点，有助于确定教学重点和难点，增强教学的预见性和针对性，提高教学效果。

吕叔湘，我国著名语言学家，强调让学生认识英语和汉语的差异对中国学生学习英语具有重要的帮助。在教学过程中，针对词形、词义、语法范畴、句子结构等具体问题，通过英汉两种语言的比较，使学生更深刻地理解。然而，实际的外语教学通常需要综合多种方法，包括直接法和对比分析法。直接法强调学生直接接触外语，通过模仿学习，适用于儿童的初级外语教学阶段。然而，对于年龄较大、面临复杂语言现象的学习者，直接法效果有限，因为母语的干扰会影响学生的模仿和接受能力。在这种情况下，对比分析法更适用，通过比较两种语言的表达方式、文化内涵和思维方式，学习者能够克服母语干扰，提高外语水平和交际能力，实现“知彼知己，百战不殆”。

中西文化和思维方式的差异在英汉语言中表现得淋漓尽致，例如，西方的理性思维与中国的悟性思维在英语与汉语的哲学背景中得到体现。这种深层次的差异必然在用词、构句和整篇文章的各个方面显现出来。以英语为例，它较常受到亚里士多德的演绎法逻辑思维的影响，常采用" 突显" 语序，运用形合法、结构被动式和抽象性词语，注重显性衔接、语法关系和语义逻辑，倾向于形式化的表达方式，更注重词语和结构的精确、主从分明、长短交错和替代变换，呈现出严谨、精确、模糊性小、歧义现象较少的特点，适合科学思维和理性思维。相比之下，汉语更倾向于使用意合法、意念被动句和形象性词语，采用非演绎式的、归纳型、经验式的思维模式，注重时间先后和事理顺序，常采用" 自然" 语序，强调隐性连贯，更强调整体性、整体匀称、成双成对和对偶排比，表达方式更多地依赖语境，注重整体感，更注重通过语感、语境、悟性和" 约定俗成" 来表达和理解语句。

在教学中，通过对比分析英汉两种语言，不仅能够积极促进教学效果，也有利于语言交际的顺利进行。通过对比分析，人们对英语和母语的特性有了更深入的认识，

对不同语言的表现形式和方法更加重视。因此，在实际交际中，能够有意识地顺应这些差异，避免表达错误，最终达到更有效的交际目的。

第三节　跨文化交际能力培养的行为体系

跨文化交际能力在行为层面包括解决问题、建立关系以及在跨文化情境中完成任务的能力。通过良好的个人文化适应和人际互动，人们应能够有效地在跨文化情境中完成工作任务。在跨文化外语教学中，教材的选择和教学策略的运用等行为方面直接影响学生跨文化交际能力的培养，是影响任务完成情况的关键因素。

一、确定大学英语跨文化教学教材编写特色

教材作为教学内容的主要承载者，是教师和学生进行教与学的主要依据和指南，也是完成教学任务、培养学生跨文化交际能力的关键因素。

因此，在选择教材时，既需要考虑提高跨文化交际能力所涉及的各个方面，又要设计多样形式的练习，以培养学生在复杂的跨文化语境中进行交际所需的各种技能。这包括导入跨文化知识，解释语言表达中的文化内涵，拓展与文化相关的知识面。通过案例分析与点评，提高学生的全球意识与跨文化敏感度。同时，通过情景模拟、角色扮演等方式，让学生接触各种跨文化语境中的冲突，以培养他们观察与分析跨文化问题的能力。最后，引导学生观察跨文化生活或工作环境中的文化问题，如通过新闻报道、各种调查或实习等方式。这些方法是提高学生实际能力的关键要素和途径。

如果教师在课堂中忽视了这一教学环节，就难以真正提高学生的跨文化交际能力，或者只能提高学生的跨文化意识或敏感度。外语教学需要将学生引导到在现实语境中培养跨文化交际能力的阶段，只有在这个阶段，学生的知识积累和跨文化意识才能真正应用和体现，才能将知识转化为跨文化交际能力。

（一）教材应体现文化内容与语言内容的自然融合

大学英语跨文化教学教材的编排应以文化主题为单位，每个部分都应突出文化和语言的紧密结合，使学生在文化的潜移默化中更灵活、更牢固地掌握语言的使用。正如张红玲所言："语言内容和文化内容有机地结合，是跨文化交际外语教学的核心思想。语言和文化是教学的目的和手段，两者不可分割。在教材中，系统的文化主题构成教材的主线，而语言教学的内容实际上与这些文化内容融合一体。"

教材应综合考虑学生学习外语的需求、语言环境、知识结构和层次等多方面因素，涵盖社会习俗、历史、宗教，尤其是价值观等内容。教材要介绍西方不同国家的文化元素和中国传统文化，融入中西文化对比研究，让学生学会如何处理文化差异。

教材应有助于培养学生批判性思维技能，要求学生以审视的眼光和批判性思维方式看待目标语国家的事务，体验与本国文化不同之处。它还应培养学生进行有效文化沟通的能力。教材包含的内容要充满积极的、鼓舞人心的精神，通过语言潜移默化地传授人类优秀的文化和高尚的思想道德，对学生的世界观和价值观产生深远的影响。

教材在选题上应适当介绍目的语国家的历史、民族构成、政府机构、政治情况、经济发展与教育状况的基本特点，使学习者对目的语文化有全面的了解。同时，选取母语文化中较为独特的优秀侧面，增强目的语文化与本族文化的对比，培养学生对文化差异的感知力和敏感性。在文化的对比中，教材应尽力夸张，不仅局限于本族文化与目的语文化的对比，还应与其他非主流文化和主流文化进行对比，使学生对非主流文化和主流文化产生同样的理解和尊重。

（二）教材内容安排应循序渐进且多面化

文化的复杂性、动态性和多层次性决定了文化教学内容不能只是古板的灌输或传授一次性的知识。以文化为主题的教材需要具有渐进性，可操作性，并能够灵活循环进行教学。只有这样，学生对文化的体验和认识才能不断地理解和深化。

教材内容的呈现应按照由浅入深、由表及里、从已知到未知、从具体到抽象的顺序进行安排。课程内容在不同阶段上要重复出现，范围逐渐扩大，程度逐渐加深。跨文化学科的教材应具有系统性、一致性、层次性、前沿性以及时效性的特点，注重与时俱进。编排体系既要体现西方国家的人文精神，又要反映出国内对人才需求理念发生的重大转变。同时，要既注重人文关怀，又满足人文素质培养的现实需求。

（三）教材选用注重教学材料的真实化、语境化、多样化

在跨文化外语教学中，张红玲强调了选择教材时需要注重真实性、语境性和多样性。她指出，适用于跨文化外语教学的教材必须符合真实性和语境性的原则。只有真实的语言教材才能有效地引发学习者在认知、心理、态度和行为方面的反应，使其真实地体验跨文化交际过程。真实性意味着教材在现实生活中有实际应用，而不是仅为教学而设计。语言和文化是紧密相连的，因此考虑语境是确保语言表达和理解充分而准确的关键。因此，在选择跨文化外语教学材料时，需要紧密结合学生的生活，找到他们关注的焦点和兴趣点。教材中的文化内容应真实且有语境，呈现各种文化知识并体现人文精神。具体而言，选取的文章应原汁原味、语言流利、自然，话题与主题相关，涵盖东西方文化差异、沟通技能和文化知识等。所有语境都应在目标语言使用的环境中，信息传递应在有文化意义的系统中进行。

通过设计相关的跨文化意识和技能练习，选择大量跨文化交际实践案例对学生进行全面培训，使其能够运用语言知识、文化知识和实际语境，结合具体的文化事例，模拟经历文化适应过程。这种交际实践培养学生的跨文化敏感性、宽容性和处理问题的灵活性。教材还应系统地将跨文化动态人际关系的构建与跨文化交际知识和实践紧

密结合。内容应体现文化的多元性、视角的多样性、问题的多样性以及回答的灵活性。例如，涉及语言知识和非语言知识、不同国家的文化差异、不同民族的思维方式以及价值观的异同等方面。培养学生相对文化论的观点，处理文化冲突和调适时的态度和情感，使学习者能够换位思考，以友好的态度看待多元文化。最终，学习者能够以开放、包容的态度对待异文化，对不同民族的文化价值观、风俗习惯、行为方式以及思维模式从不同角度进行思考和评价。通过案例分析和模拟训练，使学生在课堂教学中真实体验跨文化交际，为实际跨文化交际可能遇到的问题提供解决方法、指导和实践经验。

（四）加强教材与练习的编排设计，促进学生自主学习

在跨文化外语教学中，学习者的自主学习至关重要。张红玲和庄智象的观点都突显了学生在学习过程中的主体性和积极性。为了促进学生的自主学习，教材的编排设计必须具备一定的特点和原则。首先，教材内容的编排应具有趣味性，能够激发学生的学习兴趣。一个有趣的教学内容能够吸引学生的注意力，使他们更愿意投入学习过程。此外，教材设计还应具有针对性，使学生能够清晰地了解教学目标，达到更高效的学习效果。在练习的设计中，要给学生足够的空间，让他们自行组成小组进行讨论和分析。这样的设计不仅促进了学生之间的互动，还能够体现学生的主动参与和思考。实践方法也是关键，通过创造情景和语境，让学生在实际场景中体验和运用所学知识，例如通过角色扮演，提高学生的学习自觉性和自主学习的能力。教材中安排学生自主完成的练习是一个很好的方法，可以围绕单元技能或主题拓展学生课外知识，使他们对不同文化有更深入的认识和理解。这样的设计有助于培养学生的独立思考和学习动力。在跨文化交际的课堂中，采用多样化的教学方法是至关重要的。注解法、融合法、实践法、比较法和专门讲解法等多种方法可以灵活运用。文化讲座、关键事件、文化包、文化群、模拟游戏等教学手段也能够增强学生对文化内容的学习。通过适应不同的教学方法，教学形式更富灵活性，更容易被学生接受。

总的来说，加强教材与练习的编排设计，注重学生的自主学习，是提高跨文化外语教学效果的重要策略。

二、大学英语跨文化教学策略运用

世界文化的多元化和跨文化交际的快速发展对外语跨文化教学提出了新的挑战和更高的要求。跨文化交际能力的培养已经成为新世纪跨文化教学的核心目标。具备自觉的跨文化意识、对异族文化的敏感性和洞察力已经成为跨文化人必备的素质。因此，加大力度研究跨文化教学策略，培养学生的跨文化交际能力已经成为跨文化教学的当务之急。

（一）加强教师的跨文化训练

加强教师的跨文化训练至关重要。随着世界经济全球化和文化多元化的发展，语言的使用更多地脱离了原有的社会文化环境。在非母语环境中使用语言时，语言必然要经历再语境化的过程。在这个过程中，该语言与不同的文化发生了关系并相互作用，形成了新的交际模式。因此，教师需要接受跨文化训练，提高对不同文化的理解和敏感度，以更好地引导学生跨越文化差异，培养他们的跨文化交际能力。在跨文化交际的环境中，不仅仅是整体的交际环境发生了变化，还涉及到语言使用的小环境，包括交际场景、交际者之间的关系、有效交际和礼貌交际的态度等。学生在使用外语时可能会将自己本族文化的价值观念、行为规范和交际模式应用到交际中，这导致语言使用的小环境也发生了变化。因此，跨文化培训的开展为外语教学提供了条件和机会，也使其成为可能和必然。总的来说，教师的跨文化训练是跨文化教学的基础和关键。通过提高教师的跨文化意识和能力，可以更好地引导学生适应跨文化交际环境，培养他们的跨文化交际能力。这对于应对世界文化多元化和跨文化交际发展的挑战具有重要意义。

（二）创设课外文化学习环境，培养学生自主学习的能力

自主学习是当前教育领域备受关注的话题，学者们对自主学习的定义和理解各有不同。Dickinson 认为，自主学习是一种对自己学习决策负责的态度，同时也是对独立学习过程进行决策和反思的能力。Littlewood 指出，自主学习表现为学生独立选择、对自己学习负责的愿望，体现在学生的动机和信心上。此外，自主学习还包括学生能够选择并独立学习知识的能力，涉及到学生的选择和执行能力。简而言之，学习者的动机和信心决定了他们独立行动的愿望，而他们的知识和技能水平则决定了他们独立学习的能力。Wenden 更加明确地指出，成功的学习者之所以能够成功，之所以具备专业知识和技能，主要是因为他们学会了学习，掌握了学习策略，具备了与学习相关的知识和技能。他们能够自主、自信、灵活地运用所学知识和技能，完全具备自主学习的能力。

在跨文化教学中，创设课外文化学习环境是培养学生自主学习能力的关键。提供丰富的文化学习资源，激发学生的学习兴趣，引导他们独立选择并深入学习文化知识。通过鼓励学生参与文化活动、访谈母语人士、阅读相关文献等方式，培养学生对跨文化学习的主动性和责任心。这样的创设有助于提高学生的自主学习水平，使他们能够更好地适应跨文化环境，培养出色的跨文化交际能力。

第八章　跨文化大学英语教学建议

第一节　跨文化大学英语教学建议

一、提高教师的跨文化综合素质

确实，作为外语教师，拥有强烈的跨文化意识是至关重要的。教师需要通过各种途径来丰富自己的外语文化知识，深入了解跨文化交际和比较文化差异，不断提升自身的文化修养。语言与文化是紧密相连的，如果教师不了解语言背后的文化背景，就难以真正教好语言。大学英语教师在学生大学英语习得过程中扮演着主要引导者的角色，是沟通学生个体文化和英美文化的桥梁。教师所具备的跨文化知识和意识的强弱将直接影响学生的跨文化素质以及最终的跨文化习得和运用。虽然一些大学英语教师已经意识到跨文化教育的重要性，并在教学中进行尝试，但由于缺乏跨文化教学理念的指导和实践经验，仍然面临困难。因此，跨文化教育的发展需要首先加强大学英语教师的跨文化教育，提高他们的跨文化素质。这包括参与跨文化培训和专业发展，积极寻求与其他文化领域的交流与合作，以便更好地引导学生跨越文化差异，培养学生的跨文化交际能力。

（一）英语教师必须不断提高自身的文化修养

教师的文化修养直接关系到他们能否有效地传递语言和文化知识给学生。通过结交外国朋友、涉猎文学作品、观赏电影和录像、欣赏外文歌曲等多样的方式，教师能够深入了解外国文化，这不仅丰富了教师自身的知识体系，也为跨文化教育提供了更为丰富的素材和内容。熟悉教材中的语言文化知识及文化特点，特别是英语国家的典型文化背景知识，有助于教师更好地理解教材，为学生传递更准确、更丰富的文化信息。具备双重文化的理解和教授能力是非常关键的，这意味着教师不仅要深入了解本民族文化，还要对英语国家的文化有透彻的理解，以便在教学中能够做到有的放矢，更好地引导学生理解和体验语言背后的文化。培养学生的社会文化洞察力也是教学中的一项重要任务。通过在课堂上引导学生关注作品的社会文化背景，组织小范围的讨论，培养学生对社会文化的敏感性和分析能力，教师可以帮助学生更好地理解语言的使用背后蕴含的文化信息。这对于学生的跨文化素质的培养是非常有益的。

（二）拓宽英语教师在教学中的跨文化教育知识

在英语教师培训的基础课程中新增人类学、民俗学等课程，以及国内外历史、地理、文学等知识。通过介绍东西方思想方式和文化差异，进行东西方文学的比较，分析文化现象产生的原因，帮助教师了解和理解外来文化，塑造多元文化和跨文化视野。在英语教学的专业课程中增加“多元文化教育”和“跨文化教育”等内容。这有助于培养教师的多元文化性，消除课程和教学中带有文化歧视和偏见的内容，促使教师更好地包容和接纳不同文化之间的差异。教师的继续教育应具备全球一体化的理念，涵盖广泛的基础知识。同时，鼓励教师在教学和辅导中展示各种观点，确保学生接触到多样的文化观念。多样化培训模式：

（1）将短期培训计划与长期培训相结合，满足教师在不同时间段的培训需求。

（2）结合进修学习和访问学者形式，使教师既能深入学习，又能亲身感受外部文化。

（3）将常规交流与专题跨文化教育研究相结合，促使教师在实际教学中更好地应用新知识。

（4）将国内学习与国外进修相结合，为教师提供更广泛的学术视野。

（5）将脱产教育与远程网络教育相结合，提供更便捷的学习方式，使教师可以随时随地获取知识。

通过这些改革，英语教师能够更全面地提升跨文化教育的专业水平，确保他们能够更好地引导学生理解和尊重多元文化。

二、培养学生正确的跨文化心态

跨文化理解确实是一个需要时间和努力的过程。对于学生来说，不仅要学会语言和习俗，更要理解不同文化的背后的价值观。这需要教师在教学中起到引导和启发的作用，帮助学生真正领会文化的内涵。在这个过程中，学生可能会面临本民族文化的束缚，导致对外文化的偏见。这就需要教师引导学生超越自身文化的狭隘观念，培养开放、包容的心态。不是简单地了解外国文化的表面知识，而是要达到“知其所以然”的境地，真正理解其背后的原因和逻辑。同时，对外国文化的理解并不意味着全盘接受，而是要保持独立思考的能力。教师应该鼓励学生在接触外国文化的过程中，既能够理解和尊重，也能够保持对自己文化的自信和认同。这样的教学理念有助于培养学生成为真正的双文化者，能够在不同文化之间自如地游走，汲取精华，为中华文化的传承和发展做出贡献。在这一切中，教师的角色至关重要。他们不仅是知识的传递者，更是文化理解的引导者和启蒙者。通过积极引导学生，帮助他们建立正确的跨文化心态，我们才能培养出具有国际视野和开放思维的新一代。

三、编写新的教学大纲

英语教学不仅仅应该注重语言技能的培养，还需要关注学生的跨文化交际能力和文化素养。一份细致的教学大纲的确可以在这方面提供指导和规范。对于跨文化交际能力的培养，大纲可以明确指出学生需要掌握的语言功能、语篇类型和交际策略。这可以包括在不同情景下的适当用语，以及在跨文化交际中的应对方式。同时，了解目的语的非言语行为和社会文化背景也是至关重要的，因为这有助于学生更好地理解和适应不同文化环境。在词汇方面，将学术研究和对外交往中常用的词汇加入词汇表是很有意义的。此外，为了帮助学生更好地理解词汇的联想意义，特别是涉及到母语文化和目的语文化中有不同联想的词汇，可以在释义中加入相关信息，例如常用词汇、习语、谚语的文化背景等。至于选修课程的设置，开设英美文学欣赏、英美文化、跨文化交际学等课程可以进一步丰富学生的文化视野。这些课程可以帮助学生更深入地了解英语国家的文学、文化，同时培养他们在跨文化交际中的敏感性和适应能力。在考试和评估方面，跨文化教学确实需要一种不同于传统语言技能检测的方式。可能需要考察学生在实际文化情境中应对问题的能力，以及对文化差异的理解程度。这样的考试形式可以更全面地评估学生的跨文化交际能力。总体来说，对教学大纲的建议都是有益的，可以更好地引导学生在英语学习的同时培养跨文化能力和文化素养。

四、选择适当的教材

（一）优化课程内容

优化英语课程内容确实需要考虑多方面因素，包括学生的兴趣、文化多样性以及本民族文化的传承。入真实的跨文化交际案例，让学生分析其中涉及的文化差异、沟通问题以及解决方案。通过案例学习，学生能更深刻地理解文化之间的差异。将课程内容与文化主题结合，进行项目学习。例如，学生可以通过研究不同文化的传统节日、风俗习惯等来深入了解文化，同时培养他们的研究和表达能力。在教学中融入本土文化元素，让学生更好地理解和尊重自己的文化。这可以通过文学作品、历史故事、当地习俗等方式实现。利用数字化资源，如在线文化课程、虚拟博物馆、网络访谈等，为学生提供更丰富的文化体验和资源。鼓励学生参与课程内容的选择和设计，以满足不同学生的兴趣和需求。这样可以增强学生的主动学习意愿。引导学生进行文化比较和对话，让他们了解不同文化之间的相似性和差异性。这有助于培养跨文化理解和尊重。

（二）对英语教材教学内容进行科学的选择

如何选择有效英语教学内容，应该遵循以下几个方面的原则。

1. 教学材料真实化和语境化的原则

使用真实的交际环境下产生的材料，而非专门为教学设计的材料。这能够将学习者的英语学习与真实生活和社会环境联系起来，激发学习兴趣和积极性。确保教学材料能够反映真实的社会交际环境和历史背景，使学生在面对真实环境时能够从容应对，实现学以致用，提高学习效率。避免将语言形式和文化信息从其使用和意义的环境中脱离出来。确保语言和文化的学习是一个系统的过程，注重语言和文化的意义在特定社会环境和历史背景下的理解。强调避免将语言形式从其使用环境中孤立出来进行分析和学习。语言的学习应该是与实际交际紧密结合的过程，而非纯粹的语言形式学习。

2. 对各民族文化尊重原则

强调对目的语国家民族的文化进行全面、准确的介绍，不回避、乱解或生硬更改内容。通过介绍目的语民族文化的特点，引导学生获得全面准确的目的语民族文化知识。帮助学生具备不断更新知识的能力，以适应目的语国家民族文化的发展和变化。尊重母语和本民族文化的传统，认识到全球化潮流中各民族特色文化的不可抹杀性。在教学内容上科学选择，保持对母语文化的尊重。扩大包含目的语和非目的语民族的政治、经济、文教、史地、社会风俗等内容，以提供更全面的文化知识。在音像教学中引入多样化的内容，让学生听到和习惯各种不同的语音、语调。扩大具有中国历史文化特色的英语词汇、短语、句子，促进中华文化的传播。

3. 注重培养跨文化意识、能力原则

教学内容应紧密结合文化内容和英语语言教学，通过选择包含异国文化习俗、历史背景、民间故事、传说等内容的教材，使学生在语言学习的同时能够深入了解文化。通过教学内容，帮助学生形成有效的跨文化意识。让学生能够理解和尊重不同文化之间的差异，认识到语言与文化之间的紧密联系。强调培养学生跨文化比较的能力，使他们能够在不同文化之间进行有效的比较、参照，理解文化之间的相似性和差异性。帮助学生培养跨文化取舍的能力，使他们能够在不同文化价值观之间进行选择，并理解在不同文化中某些行为的合理性和背后的文化原因。强调培养学生跨文化传播的能力，使他们能够有效地在不同文化环境中进行交际，避免文化冲突，达到更好的交流效果。教学内容的选择要有助于培养学生实际运用英语的能力。通过涉及真实文化场景和交际情境的教材，使学生能够在实际生活中更灵活地运用所学的英语知识。教学内容可以引入实际的跨文化交际案例和情境，让学生通过解决问题和应对挑战的方式提升他们的跨文化能力。

五、改革跨文化测试内容与形式

跨文化测试内容应该涵盖具体文化和抽象文化两个方面。具体文化包括特定国家

或地区的习俗、传统、历史等，而抽象文化则包括文化概念、价值观等。这样的设计可以更全面地评估学生对不同文化层面的理解。跨文化测试应该从多个方面评价学生，包括文化知识、文化意识、文化态度、文化行为等。这可以通过不同形式的题目和任务来呈现，使评价更为综合和客观。采用多种评价方法和手段，包括填空、选择、正误判断等传统的客观题形式，同时也可以引入模拟现实任务、直接观察等形式。这有助于更准确地评估学生在不同文化情境下的应对能力。在跨文化测试中，要强调学生的语言运用能力。大学英语口语考试等已经在全国推广，但在评分体系中需要更明确标准，特别是“语言的得体性”，以更全面地测试学生的语言能力。跨文化测试内容应更贴近非英语专业学生的实际需求。特别是针对目的语文化知识的测试，需要根据不同学科和专业进行有针对性的设计。引入对考生文化创造力的测评，这有助于发现学生对文化的独立思考和创新能力。通过开放性的问题或任务，考察学生在文化交际中的创造性表达和思考能力。针对目前存在的问题，组织专题科研，尤其是关于“语言的得体性”标准的研究，以及非英语专业学生文化知识的测试方法研究。这有助于推动跨文化教育的更全面发展。

六、其他形式的跨文化教育

跨文化教育不但可以在语言教学上进行，而且还可以利用其他形式进行有效的推广。

（一）利用多媒体教学手段

多媒体教学手段能够将图、文、音、像等多种元素结合，大大增加了课堂教学的信息量，使学生更全面地了解和体验跨文化情境。多媒体教学形式能够提高学习者的参与度和积极性。通过生动的图像、音频等呈现方式，吸引学生的注意力，使他们更愿意参与到课堂活动中。利用多媒体展示真实的跨文化交际情境，让学生有一种身临其境的感受。这有助于提高学生对不同文化的理解和适应能力。

（二）充分利用外教资源

中外合作办学中，互派教师是一种行之有效的形式。外籍教师可以为学生提供本国文化的直接讲解和传授，使学生更深入地了解其他国家文化的差异和共同规律。外籍教师能够填补本国教师无法接触到的文化知识，尤其是社会文化领域的广泛内容。他们可以分享自己的文化经验，帮助学生更全面地了解其他文化。

（三）利用教育网站

如今，英语学习的途径变得多样化，包括英语电影、电视、幻灯片、录像、多媒体等，而互联网则为英语教学提供了丰富的信息来源。在中国教育网、中国教育热线、中华教育网等网站上，可以找到大量有关英语国家文化背景和其他相关信息。教师可以在网上寻找适合学生阅读的文化知识，选择代表性的内容，通过下载或书签分享给学生。同时，也可以引导学生浏览相关网页，这样不仅信息量大，而且能够及时了解最新知识，跟上时代步伐。比如，hao360 英语学习网提供英语宝库、英语杂谈、英语游戏、英语歌曲等栏目，信息量庞大且更新迅速。这符合现代大学生对网络的兴趣，他们接受新事物快，对新事物也很感兴趣，使得获取和接受英语文化知识变得更加便捷，掌握起来也更轻松，学习效果更好。通过网络获取英语国家文化背景知识显著提高了语言学习的效率，有效帮助学生运用地道英语进行交际，提高学生的交际能力。

(四) 举办专题跨文化知识讲座

专题讲座已经成为学术交流和前沿知识传播的有效方式，其优势在于：首先，主讲人充分准备并对如何最有效地传递内容有明确的计划，讲解生动形象，效果显著；其次，专题讲座通常涉及学生关注或感兴趣的内容，因此学生会积极参与，带着问题和浓厚兴趣听讲座，这有助于在轻松的氛围中学生接受和讨论跨文化知识，增长相关知识，提高跨文化交际应用能力。为了最大程度发挥专题跨文化讲座的效果，应有目的、有计划地科学安排主讲内容，将其融入每学期的教学计划中，采用专题形式进行，比如中外风俗差异、中外民间传说等。通过这样的训练，学生对跨文化知识的系统认识将有显著提高，对目的语国家文化整体的认知也会逐渐加深。

第二节　跨文化大学英语教学具体实施建议

一、大学英语词汇中的跨文化教育

词汇确实是语言的基石，而其中的习语更是一门语言的瑰宝，蕴含着深厚的文化内涵。通过教授英语习语，不仅可以帮助学生更好地理解和运用语言，还能深入了解英语国家的文化和社会习惯。这种跨文化的教学方法能够使学生更全面地掌握语言，同时也增进对其他文化的理解和尊重。在英语教学中，注重词汇的文化内涵，特别是习语的传授，有助于打破语言障碍，使学习过程更富有趣味和深度。

(一) 指示意义相同的词汇在不同文化中所产生的联想不一样或者截然相反

颜色词汇在不同语言和文化中虽然相同，但其文化内涵却可能截然不同。举例而言，西方人通常将蓝色（blue）联想到消沉、淫秽、黄色、下流等负面含义；而在中国文化中，蓝色常表示宁静、祥和、肃穆，而黄色则承载了猥亵下流的意义。类似地，绿色（green）在西方国家可能被视为“稚嫩、不成熟”或“缺乏经验”，而在中国文化中，绿色象征着生命，代表春天、新生和希望。红色在中西文化中也有截然不同的象征意义。在中国文化中，人们喜欢在过年、过节时用红色装饰家居，新娘在婚礼上穿红色的服装以表示喜庆、吉祥。红色的词汇，如红利、红运、红榜、开门红、红人等，都包含兴旺、繁荣、成功、顺利、受欢迎、流行等积极含义。然而，在英语文化中，红色通常用来表示恼怒、气愤，或者具有其他负面含义，如红灯区指的是妓女出没的地方。农民一词在中西文化中也存在差异。在中国，我们常称农民为“农民”，他们是农业生产的重要力量，没有贬义。然而，在西方国家，peasant 一词通常指未受过教育、社会地位低下、或举止粗鲁、思想狭隘的人，带有明显的负面含义。词汇“ambition”在中西文化中也呈现截然不同的内涵。在中国文化中，“野心家”“野心勃勃”等表达方式带有负面含义；而在西方文化中，“ambition”则指远大的抱负和理想，是一种积极向上的价值观。柳树在中国文化中被赋予分离和思念的联想，常常在离别时被用于送别的习俗。然而，在英语文化中，willow 通常使人联想到悲伤和忧愁，常与死亡相关。月亮在中西文化中的象征意义也存在显著差异。在中国文化中，月亮象征着团圆、相思和美好愿望，创造了丰富的审美意境。而在英美文化中，月亮在月圆时象征富饶，在月缺时则与死亡、风暴和毁灭联系在一起。英语词汇“lunacy”（疯狂）和“lunatic”（疯子）都源自对月亮的认知，反映了对精神错乱的观念。这些例子突显了同义词在不同文化中所承载的截然不同的文化内涵，这种差异可能导致学生的理解错误，因此在交际中，特别需要对这些具有民族文化背景的词汇保持高度的敏感性。

（二）指示意义相同，在一种语言中有丰富的联想意义，在另一种语言中却没有的词汇

1. **竹子**（Bamboo）

在中国文化中，“竹子”不仅仅是一种植物，它与传统文化深深相连。竹在中国文学中被赞美为坚贞、高洁、刚正不阿的象征。例如，明太祖朱元璋对竹的赞誉表达了其刚正之美。然而，在英语中，词汇“bamboo”则仅仅表示这种植物的名称，没有丰富的文化内涵。

2. **九**（Nine）

在中国文化中，“九”被视为最多、最高的数字，与“久”谐音，寓意长治久安。这在历代帝王的崇拜中体现得尤为明显，如九龙袍、故宫 9999 间房屋等。然而，在英语中，“nine”仅表示数字九，并没有特殊的文化内涵。

（三）各自文化中特有的词汇，即文化中的词汇缺项现象

1. **炕**（Kang）

在中国北方农村常见的“炕”是一种供人们睡觉取暖的砖砌床。这一概念在英语

文化中并没有直接对应的词汇，因此需要解释为“A heated brick bed”。

2. **冰糖葫芦**（Candied Hawthorn on a Stick）

这是中国传统的小吃，但在英语中需要通过解释说明，因为直译为“Candied Hawthorn on a Stick”无法准确传达其文化内涵。

3. **阴阳**（Yin and Yang）

“阴阳”源自中国古代道家哲学，表示世界万物的对立与统一。在英语中，虽有“Yin and Yang”的翻译，但缺乏对其深层文化内涵的理解。

4. **汽车旅馆**（Motel）

在中国没有完全对应的概念，需要解释为“汽车旅馆”。

5. **热狗**（Hot Dog）

在汉语中没有直接对应的概念，需要解释说明为“热狗”。

6. **打卡钟**（Time Clock）

在中国文化中可能不太熟悉，需要解释为“记录员工上下班时间的钟”。

这些词在英语中有具体的文化内涵，但在不了解西方文化的情况下，可能会导致误解。在教学中，需要通过音译、直译或意译并加入解释说明，以避免交际障碍。在课堂教学中，理解这些文化缺项现象并通过适当的翻译和解释进行处理，有助于学生更好地理解不同文化之间的差异，提高跨文化交际的能力。

二、大学英语语法和篇章教学中的跨文化教育

（一）大学英语语法教学中的跨文化教育

在大学英语语法教学中，考虑到中西文化的差异，我们可以通过以下方式进行跨文化教育：引导学生比较英语和汉语的语法体系，例如英语的形态变化和虚词使用与汉语的语法差异。通过比较，学生可以更好地理解两种语言的不同表达方式。分析英语句子形成树形结构的方式，与汉语灵活流畅的线性结构进行对比。通过对比，学生可以理解不同语言的句法特点，增进对语法结构的理解。解释英语语法规则时，可以引入相关的文化元素，以便学生更好地理解规则背后的文化背景。例如，介绍双重所有格的概念时，可以解释其在英语文化中的应用。在语法教学中穿插一些体现中西文化差异的例子，例如在英语中使用连接词形成紧凑树形结构，而在汉语中则依赖语义上的联系。这有助于学生理解语法背后的文化思维方式。比较英汉表达相同意思的方

式，例如“他是我的一个朋友”在英语中的表达方式是“He’ s a friend of mine”。通过比较，学生能够体验到中西表达方式的文化差异。在日常语法教学中，引入目的语文化元素，适时进行中西文化的对比，有助于学生更好地理解不同文化之间的差异，提高他们的跨文化交际能力，使语法学习更加生动有趣。

（二）大学英语篇章教学中的跨文化教育

在大学英语篇章教学中，跨文化教育的重要性愈发凸显。引导学生深入了解文章作者的生平、文化历史背景等方面的信息。这不仅有助于理解文章的语境，还能够让学生感知作者创作的文化背景对于文本的影响。针对因文化差异而产生的理解困难，教师应耐心解释相关句子或表达，帮助学生理解文化背景下的语言使用，提高他们的文化敏感性。教师要善于利用教材中蕴含的文化信息，尤其是像《实用英语》这样涵盖多种体裁和题材的教材。例如，通过《Table Manners and Customs》一文，强调提高学生跨文化知识的理解能力。将学习语言知识和跨文化知识的时间分开，有助于学生更好地专注于吸收不同层面的知识。这也有助于在课堂上形成更有深度的语言和文化氛围。在教学中，将学生母语文化与所学的西方文化进行比较，可以帮助学生更好地理解文化之间的差异和相似之处，提高他们的跨文化交际能力。除了教材，教师应当选择一些体现中西文化共性和差异的丰富英文文章作为课外补充材料。这有助于学生更深入地了解西方的风土人情和价值观。通过这些方法，篇章教学不仅是语言知识的传授，也是跨文化教育的载体。学生在阅读中不仅能够提升英语水平，还能够增加对不同文化的理解，为跨文化交际打下坚实基础。

三、大学英语翻译和写作教学中的跨文化教育

（一）大学英语翻译教学中的跨文化教育

被看作是两种语言转换过程的翻译活动绝不仅仅是从一种语言到另一种语言的传递，也不可能是字、词、句之间的机械转换，它是两种文化之间的跨文化交流活动。因此，不了解文化之间的差异无疑会在翻译过程中产生很大障碍。学生在翻译中常出现的最严重的错误往往不是因为表达不当造成的，而是源于文化差异所造成的障碍。因此，应该在大学英语翻译教学中，加强中西方文化背景知识的传授。

1. 地域和历史方面的文化差异对翻译的影响

地域和历史方面的文化差异对翻译产生深远的影响。这些差异涉及到语言的使用、表达方式、文化象征和历史事件，对翻译者提出了挑战，因为他们需要在保留原文意义的同时适应目标文化的语境。以下是这方面的几个主要影响：不同地域和历史背景的文化往往使用独特的表达方式和习惯用语。在翻译时，翻译者需要选择与目标

文化相符的表达方式，以确保目标读者能够理解并感受到原文的语言风格。文化象征在不同文化中可能具有截然不同的含义。例如，某个国家的动物、颜色或物品可能在另一个国家中有截然不同的象征意义。在翻译时，需要谨慎处理这些差异，以避免引起误解或文化冲突。源语言中的表达方式有时可能直接涉及到特定的历史事件或人物。这种关联在目标文化中可能不存在，因此翻译者需要找到相应的替代方式，使得目标读者能够理解这些历史背景。不同文化对于一些主题有着不同的敏感性和禁忌。翻译时需要注意避免触及目标文化中的敏感话题，以维护文化尊重和适应性。地域和历史的文学传统会影响到语言的修辞和表达方式。在翻译文学作品时，翻译者需要尽力保留原作的文学风格和修辞手法，同时确保它们在目标文化中依然具有吸引力。总体而言，地域和历史方面的文化差异要求翻译者具备深厚的文化素养和对两种文化的深刻理解。只有这样，翻译才能真正实现跨文化传达，使读者在目标文化中能够理解并体验到源语言中的文化内涵。

2. 思维方式和价值观的差异对翻译的影响

思维方式和价值观的差异对翻译产生广泛而深刻的影响。这种差异涉及到人们对世界的看法、对事物的评价、以及价值取向的不同。以下是这方面的一些主要影响：

（1）逻辑和思考方式：在一些文化中，人们可能更倾向于使用直截了当、清晰而详细的逻辑结构来表达思想。比如，在英语中，人们可能更倾向于在文章或演讲中使用清晰的引言、论点和结论。然而，在一些东亚文化中，人们可能更喜欢通过故事、比喻或者间接的方式来传达信息，强调整体理解。在翻译时，翻译者需要调整语言表达方式，使其更符合目标文化的思考方式，以确保读者能够清晰理解信息。

（2）表达情感和含蓄性：表达情感和含蓄性确实是文化差异中一个显著的方面。每种文化对于情感的表达都有其独特的方式，这影响了人们在交流中的沟通方式和理解。在翻译中，考虑到这一点尤为关键。翻译者不仅需要理解源语言中的情感色彩，还需要考虑目标文化中的期望，以确保情感的传达是准确的且能引起共鸣。举个例子，有些文化可能更倾向于直接表达内心感受，而另一些文化则可能更注重含蓄和间接的表达方式。如果一段文字在源语言中使用了直接而强烈的表达，翻译到另一种文化时，可能需要选择更为委婉的措辞，以适应目标文化对于情感表达的期望。这也反映了在跨文化交际中，理解并尊重对方的情感表达方式是多么重要。适应目标文化的情感表达规范有助于消除沟通障碍，建立更加良好的人际关系。

（3）价值观的体现：文本中的价值观是文化的核心，对于人们的行为和思维方式有着深远的影响。在翻译过程中，理解并准确传达源语言中的价值观对于确保文化内涵的传递至关重要。举个例子，不同文化对于家庭的看法可能存在很大的差异。在一些文化中，家庭可能被视为社会结构的核心，强调家庭的责任和义务；而在另一些文化中，个人的独立性和自主性可能更受重视。如果一段文字强调了家庭的价值，翻译者需要选择能够在目标文化中传达相似观念的表达方式。这也涉及到了文化间的认知差异。通过深入理解各种文化中对于家庭、社会、权威等方面的价值观，翻译者可以更好地调整语言表达，使之更符合目标文化的认知框架。总的来说，对于文本中价值观的体现要有敏感性和理解力，以确保在翻译过程中不仅传递了字面的意思，更传达了文化背后的深层次内涵。

(4) 尊重与礼貌：礼貌和尊重的表达方式在文化间差异明显。有些文化对于直接表达个人意见或者拒绝可能更为开放，而另一些文化则更注重委婉和间接的表达方式。在商务沟通或正式场合，适当的礼仪和表达方式至关重要。翻译者需要确保所选择的表达方式既不失礼，又符合目标文化的社交准则。

(5) 时间观念：不同文化对时间的理解和运用方式存在很大差异。一些文化注重准时，认为时间是有限且宝贵的资源，而另一些文化可能更灵活，强调事件的顺利进行胜过时间的准确。在翻译中，翻译者需要调整时间表达方式，以适应目标文化对时间的不同期望。例如，一些文化可能更注重过程，而非结果，这在表达时间观念上会有所体现。

(6) 对权威和社会等级的态度：不同文化中对于权威和社会等级的看法截然不同。有的文化可能更注重个体的独立和平等，对权威持怀疑态度，而另一些文化则可能更尊重传统权威和社会等级。在翻译中，需要考虑如何传达源语言中对这些概念的态度，以确保在目标文化中能够被准确理解。这也包括对于称谓、礼仪等方面的调整，以符合目标文化的社会规范。

思维方式和价值观的差异要求翻译者在语境中具备深刻的文化洞察力，能够理解并传达文本中的文化内涵。这种适应性是翻译工作中至关重要的，它确保了翻译的成功传达，并避免了文化上的误解。

（二）大学英语写作教学中的跨文化教育

英汉两种语言的写作风格背后反映了不同的思维方式和文化习惯。这对于大学英语写作教学来说，是一个重要的跨文化教育方面的挑战和机遇。西方文化注重线性的因果关系思维，强调直截了当地陈述主题。这在英语写作中体现为清晰的主题句和直接而紧凑的句子结构。相对地，中国文化偏向于整体式思维，强调通过迂回曲折的表达方式展现思考深度。在写作教学中，理解和适应这种思维差异是培养学生写作能力的重要一环。英语篇章结构通常以主题句为中心，通过例证句等方式展开主题，呈线性的逻辑发展。而中文写作往往采用“前因后果”或“分而总之”的结构，通过细致入微的描写和分析逐渐呈现主题。在教学中，引导学生理解这些结构差异，培养他们根据英语写作的逻辑结构进行表达的能力十分关键。汉语修辞模式通常采用迂回曲折的表达方式，注重文学性和含蓄性。相较之下，英语写作更注重直截了当、简洁明了的表达。在培养学生的写作技能时，需要引导他们适应英语写作中的直接表达方式，同时理解和尊重不同文化中修辞表达的差异。通过这样的跨文化教育，学生不仅能够提高英语写作的水平，还能更深入地理解和欣赏不同文化的独特之处。

参考文献

[1] 张红玲. 跨文化外语教学［M］. 上海：上海外语教育出版社，2007.

[2] 吴为善，严慧仙. 跨文化交际概论［M］. 北京：商务印书馆，2008.

[3] 姚丽，姚烨. 英汉文化差异下的英语教学探究［M］. 北京：中国书籍出版社，2014.

[4] 王佐良. 翻译：思考与试笔［M］. 北京：外语教学与研究出版社，1989.

[5] 高等学校外语专业教学指导委员会英语组. 高等学校英语专业英语教学大纲［M］. 上海：上海外语教育出版社，2000.

[6] 徐国庆. 职业教育项目课程设计指南［M］. 上海：华东师范大学出版社，2013：19—28.

[7] Cetra Fernando. 习语与习语特征［M］. 上海：上海外语教育出版社，2000.

[8] 邓炎昌，刘润清. 语言与文化［M］. 北京：外语教学与研究出版社，1999.

[9] 杜学增. 中英文化习俗比较［M］. 北京：外语教学与研究出版社，1999.

[10] 骆世平. 英语习语研究［M］. 上海：上海外语教育出版社，2007.

[11] 平洪，张国扬. 英语习语与英美文化［M］. 北京：外语教学与研究出版社，2000.

[12] 戴炜栋，何兆熊. 新编简明英语语言学教程［M］. 上海：上海外语教育出版社，2010.

[13] 王坦. 合作学习的理论与实施［M］. 北京：中国人事出版社，2002.

[14] 中国海事服务中心. 航海英语［M］. 北京：人民交通出版社，2011.

[15] 胡壮麟. 语言学教程［M］北京：北京大学出版社、2002.

[16] 邓炎昌，刘润清. 语言与文化［M］北京：外语教学与研究出版社，2010.

[17] 桂诗春. 应用语言学［Ml 长沙：湖南教育出版社，1988.

[18] 陈俊森，樊葳葳，钟华. 跨文化交际语外语教育［M］武汉：华中科技大学出版社，2006.

[19] 沈江，丁自华，姜朝妍. 航海英语［M］. 大连：大连海事大学出版社，2012.

[20] 沈江. 航海英语［M］. 大连：大连海事大学出版社，2013.

[21] 姜朝妍，沈江. 航海英语听力与会话［M］. 大连：大连海事大学出版社，2016.